はじめに

　著者は、現場の登記官として主に都市部の登記所に勤務し、多くの資格者代理人からの信託に関する登記の書面照会に対応する機会に恵まれました。その中には、信託事業者からの依頼を受け、新たな信託商品の開発に関与するなど、高度な専門能力を遺憾なく発揮されている方からリーガルチェックを求められたこともあれば、依頼者から事件を受任したものの、どうやって登記申請をしたらよいか分からないとの理由から藁にもすがる思いで、信託の登記の箸の上げ下ろしに関する質問を受けたこともありました。

　著者は、新不動産登記法と新信託法の施行を契機に、信託の登記実務が大きく変貌し、複雑さと困難さが加速したと感じています。読者の皆様の中にも、様々な登記実例や考え方が錯綜する中で、現在の信託の登記実務が、出口の見えない混沌とした迷路の中に入り込んで、いつしか身動きの取れない状態になりつつあるとの危機感を持たれている方もいるでしょう。

　本書の狙いは、資格者代理人からの照会及びそれに対する登記官の回答事例を通じて信託の登記実務の現状を分析し、その問題点や課題等を明らかにすることにより、信託の登記に携わる読者の皆様に情報を提供することにあります。どうか文中の意見の部分は、著者の私見であることにご留意ください。

　2023年8月　　　　　　　　　　　　　　　横山　亘

本書での表記

　本書で表記する「旧不動産登記法」とは、平成16年法律第123号による改正前の不動産登記法（明治32年法律第24号）を、「不動産登記法」「新不動産登記法」とは、いずれも平成16年法律第123号を指します。また、「旧信託法」とは、平成18年法律第109号による一部改正前の信託法（大正11年法律第62号）を、「信託法」「新信託法」とは、いずれも平成18年法律第108号を指します。

● 目 次

第 1 章

委託者の変更の登記

信託当事者である委託者の氏名又は名称及び住所は、信託の登記の登記事項とされ（不動産登記法97条1項1号）、これらは、登記官が作成した信託目録に記録されます（同条3項）。そして、これら登記事項に変更が生じたときは、受託者は、遅滞なく変更の登記を申請しなければなりません（「受託者の単独申請」「登記申請義務」103条1項）。ここでいう変更には、委託者の氏名や住所が変更した場合のみに限らず、委託者の主体の変更、すなわち、委託者Aから委託者Bへの変更も含まれるものと解されています。

　近時、信託契約中に「本受益権の譲渡又は承継を受けた者は、本信託契約上の委託者及び受益者としての地位、権利及び義務を承継するものとする」「委託者の地位は、本契約に定める受益権の譲渡に伴い受益権の譲渡人に移転する」等の規定が定められることが多くなりました。これらは「受益権の譲渡及び地位移転条項」と呼ばれ、これらの事項が定められている場合には、その他の信託の条項（不動産登記法97条1項11号）として信託目録に記録されるべきです。そして、この場合には、受益者の地位の移転に伴い委託者の地位も当然承継されることになるので、受益権が譲渡され、受益者に変更が生じるたびに、受託者は遅滞なく、受益者の変更の登記に併せて委託者の変更の登記の申請をしなければなりません。

　このように、委託者に変更が生じた場合の登記申請手続については、全て信託目録に反映させることが法の趣旨であり、そのたびに、変更の登記が必要となるのですが、資格者代理人から委託者の変更の登記は不要である、又は変更の登記は省略で

きるという意見を付した照会がされます。一体、どのような理
由によるものなのでしょうか。本章では、その事情を深く掘り
下げていきたいと考えます。

第1 委託者の変更の登記の要否

> 問1　信託行為に定められた地位移転条項により委託者が
> 変更されているが、変更の登記の申請がされず、登記記
> 録上、変更前の委託者のままになっています。今回、当
> 該信託の登記の抹消の依頼を受けたが、委託者の変更の
> 登記の申請をせずに、直ちに信託の登記を抹消すること
> として、差し支えないでしょうか。〔照会者A、B、C、
> D、E、F〕

1　照会に至る背景

　この問題が生じるのは、受益者の変更の登記のみがされ、委
託者の変更の登記が懈怠されたままの状態で、信託の登記の抹
消の登記申請代理を受任した場合が多いと思われます。この場
合には、信託目録の記録事項と信託の終了による抹消の登記の
内容との整合がとれていないので、やがて様々な問題が顕在化
することになるのですが、後述するように、受益者の変更の登
記のみが重ねられ、委託者の変更の登記が懈怠され続けること
により、関与する当事者が増え、後日、実体に即した登記の申
請をすることが非常に困難になります。

　照会者は、委託者の変更の登記をせずに、直ちに信託の登記

の抹消をしたいと考える傾向にあります。

2　照会者の意見

(1)　委託者は変更していない

　照会者Aは、信託目録の記録に「受益権の譲渡を受けた者又はこれを承継した者は、本契約及び本信託における委託者及び受益者の権利義務及び地位のすべてを承継し、本契約の当事者となるものとする。ただし、当初委託者の義務は、当初委託者に留まるものとする」とあることから、ただし書の定めをもって委託者は変更されておらず、委託者の変更の登記を申請する必要がないとの意見を付しています。

　照会者Aの見解に従えば、受益権を承継しても委託者の地位は変更しないこととなり、本条項は地位移転条項ではないということになりますが、当該留保事項は、一般的な地位移転条項の一部として、委託者の地位移転後の当初委託者が有する信託契約上の義務の帰属先を確認的に明文化しただけであって、委託者の地位移転の効力が停止されるものではないと考えられることから、委託者の地位が移転していることには疑義はなく、委託者の変更の登記の申請が必要となると考えられます。

(2)　委託者に義務が残っている

　照会者Bは、「本受益権の譲渡又は承継を受けた者は、本信託契約上の委託者及び受益者としての地位、権利及び義務を承

継するものとする。ただし、当初信託契約又は原信託契約に規定する委託者又は従前の受益者の固有の義務については、受益権の譲受人又は承継人に承継されず、引き続き委託者又は従前の受益者が負うものとする」の条項のただし書部分について、受益権の譲渡に併せ委託者の地位を取得する場合には、当初委託者の義務が残っているので、受益権が移転しても委託者の変更の登記をしないのが一般的であると意見を付しています。

　(1)の事例との相違点は、照会者Ａが、委託者は変更していないとするのに対し、照会者Ｂは、委託者は変更しているが、前委託者も引き続き委託者としての義務を有する限りにおいて、委託者としての地位を有している場合には、委託者の変更の登記をする必要がないというのが登記実務の常識であるとの意見のようです。

　しかしながら、ただし書の規定により当初委託者の義務が残っているので、委託者は変更するものの委託者の変更の登記は必要ないというのであれば、そもそも、本条項は、いかなる意味を有するのでしょうか。一般に、本条項は、本文が地位移転条項であり、ただし書部分は、当初委託者が委託者としての地位を喪失したとしても、従前の固有の義務については、承継されることなく、引き続き義務を免れない旨を定めた規定と解されるのであり、その意図するところは照会者Ａの事例と同旨です。照会者Ｂは、受益権の譲渡を受けた者が委託者の地位を取得していることについては認めているのであり、その理論を貫いたとしても、委託者は、当初委託者（従前の固有義務のみを有する）と受益権の譲渡を受けた新委託者の２人になり、や

はり、委託者の追加的な変更の登記が必要になります。

　照会者Cも同様に、信託目録の記録に「本信託における委託者の地位は、本契約に定める受益権の譲渡に併せて受益権の譲渡人に移転する。ただし、本契約に定める委託者の義務については、引き続き委託者が負う」旨の定めがある場合において、ただし書に定める委託者の義務が残っているときは、受益権が移転しても委託者の変更の登記を申請する必要がないとの意見を付しています。しかしながら本条項は、委託者の地位の移転を留保するものではなく、単に委託者としての義務のみが承継されないとするものであり、委託者の変更の登記を不要とする理由にはならないものと考えられます。

⑶　地位移転条項ではない

　照会者Dは、信託目録中の「本受益権が譲渡された場合には、譲渡人は、本信託契約に基づく委託者及び受益者として権利及び義務を承継する」旨の定めは、地位移転条項ではなく、委託者の変更の登記が不要であるとの意見を付しています。照会者Dによれば、委託者の地位の移転を定めた信託法146条の規定には、「委託者の地位」を「移転する」という文言が用いられており、信託行為で「委託者の地位の移転条項」を設けるためには、条項中に「委託者の地位」という文言を用いなければならず、本条項は、地位移転条項ではないという趣旨のようです。

　しかしながら、照会者Dの意見によれば、受益権を譲渡して、委託者の権利及び義務を承継したとしても、当該譲受人

は、委託者としての地位を取得することができないこととなり、信託目録に記録されたこの条項を自己否定することによって、譲受人は極めて不明瞭な法的な地位に立たされることになります。委託者の地位とは、まさに「委託者としての権利義務」の意味であり、当事者は「委託者の地位」そのものを指すことを意図して条項を定めたと解されます。そして、「委託者としての権利義務」の「承継」とは、「委託者の地位の承継」を意味する趣旨であると考えるのが妥当であり、この場合も、委託者の地位は移転したとして、委託者の変更の登記の申請が必要となるものと考えます。

(4)　受益者の変更の登記がされていれば足りる

　照会者Eは、信託目録中に受益権の譲渡及び地位移転条項が規定されている場合において、受益者の変更の登記がされていれば、重ねて委託者の変更の登記をする必要はないとの意見を付しています。その理由として、登記記録の受益者の変更の登記の経過から委託者の変更の経緯は明白であり、受益者の変更の登記に重ねて委託者の変更の登記をすること自体が無駄であるとの意見が付されています。

　しかしながら、登記記録中の各登記事項は相互に整合していること（登記の形式的な連続性）が求められており、登記官には、登記記録に不整合や矛盾が生じないよう審査をし、実体に即した登記をすることが期待されているものと考えられます（不動産登記法25条6号参照）。その意味において、登記の役割は、むしろ照会者Eの見解とは逆で、地位移転条項が信託目録

に記録されているのであれば、受益者の変更の登記がされていることによって、登記記録を見た第三者は、実体上委託者が変更されている蓋然性が高いにもかかわらず、受益者の変更の登記のみがされている登記記録の形式的な矛盾あるいは不整合に疑問を持つと思われます。もっとも、登記記録中の地位移転条項の定めが錯誤なのか、受益者の変更の登記が錯誤なのか、委託者の変更の登記が懈怠されているのか、第三者がその不整合を解明することはできません。これこそが登記制度の役割であると考えます。現行不動産登記制度は、受益者の変更の登記をもって委託者の変更の登記の推定効を付与していませんし、逆に委託者の変更の登記の申請を義務付けていることから考えれば、不整合や矛盾した信託目録の記録が存置されることは、登記記録の公示の観点から妥当ではないと思われます。

⑸　委託者は登記申請人ではない

　照会者Fは、信託契約中の信託の終了事由に、「本信託契約は、受益者及び受託者が合意により、終了した場合に終了する」とある場合には、委託者の変更の登記をしなくても、受益者及び受託者間の合意により信託契約を解除することができるのであるから、委託者の変更の登記を省略して、信託の登記の抹消をすることができるとの意見を付しています。

　この考え方では、委託者が登記申請人になる場合にのみ委託者の変更の登記が必要となり、委託者が登記の当事者にならなければ不要ということになります。照会者Fは、登記義務者の氏名住所が登記記録と合致しないときに、登記申請が却下され

る（不動産登記法25条7号）ことの反対解釈をされたのかと思われます。

　しかしながら、事実として委託者に変更が生じているにもかかわらず、委託者が登記申請人になるか否かによって、不動産登記法103条の規定の適用に差異が生じる規定振りにはなっていません。また、不動産登記法25条7号の問題は、信託の登記の抹消及び所有権の移転の登記の申請情報の内容とされた登記義務者となる受託者の氏名住所が登記記録と符合しないときに問題となるものであって、委託者の変更の登記の要否の問題とは、直接の関係がないと思われます。

⑹　登記の中間省略が可能

　ここでは、上記⑴〜⑸の照会とは異なり、照会者は、委託者の変更の登記そのものが必要であることは理解した上で、専ら、中間省略登記が可能か否かという点を問題としています。

> 問2　委託者が甲→乙→丙と変更しているにもかかわらず、信託目録の委託者の記録が甲のまま、乙及び丙への委託者の変更の登記を懈怠しているときに、甲から乙への変更の登記を省略して甲から丙への変更の登記の申請をすることができるでしょうか。〔照会者G、H〕

　照会者Gは、委託者の変更は、地位の移転にすぎず、物権変動によるものではないので、不動産登記法が禁止している中間省略登記に該当しないとして、委託者甲から丙への変更の登記

が認められる、あるいは、甲から乙への変更の登記の遺漏は容認されるとの意見を付しています。

照会者Gの意見によれば、不動産登記法が禁止している中間省略登記は、物権変動によるものだけであり、それ以外の登記は中間省略登記が認められるということですが、登記実務では、判決による場合などの中間省略が許容されるごく一部の例外を除き、中間省略登記が認められていないのであって、原則と例外とを入れ替えてしまっている時点で失当と考えられます。また、委託者の変更の登記の省略の問題は、登記懈怠や遺漏の問題にすぎないのであって、これを物権変動の公示の有効性の問題である中間省略登記の理論に置き換えて説明しようとすること自体に無理があると思われます。

⑺ 実益がない

前記⑹と同様の事例において、照会者Hは、委託者は信託行為の当事者であるが、その権原は専ら監督的機能に関わるものであり、委託者は権利義務に関与しないことから、既に地位を失っている委託者乙を登記する実益がないことを理由に、甲から現在の委託者である丙に変更すれば足りるとの意見を付しています。要は、不動産登記法103条の適用を実益の有無で決しようということのようです。

例えば、信託の登記を表示の登記になぞるのであれば、常に信託登記の現在の権利関係のみが公示されれば足り、過去の変更の経緯が逐一登記される必要はないとの考え方もあり得るかもしれません。しかしながら、信託の登記は、表示の登記では

なく、例えそれが直接的な物権変動ではないものであったとしても、委託者の変更の経緯は公示されるべきものとして不動産登記法103条で整理されている以上、第三者が登記記録で変更前の委託者を調査することができる制度でなければなりません。実益の有無は、必ずしも1つの価値基準で捉えられるものではないので、法解釈の基準に実益の有無を取り入れると、恣意的な結論に導かれやすく、実益の有無に法解釈のよりどころを求めることには消極です。もっとも、「現在の委託者」のみが登記記録に公示されていれば、登記の制度として十分であるという考え方は、政策論としてはあり得るかもしれませんが、そのことが、現行不動産登記法103条の解釈論として委託者の変更の登記の省略を正当化する論拠にはなり得ないと考えます。

3　ま と め

　委託者が信託の登記事項とされているのは、それが公示上重要な役割を持っているからです。例えば、委託者は、受託者に対する監督権限（信託法145条）を有し、受益者及び受託者とともに信託を変更・終了させる権限を有する（同法149条、164条）だけでなく、信託の終了時に所有権が委託者に帰属（同法182条）することもあります。

　また、委託者には、受託者の登記申請に対する代位申請（不動産登記法99条）が認められているほか、受託者の辞任（信託法57条）、信託の変更（同法149条）、信託の併合（同法151条）、

信託の分割（同法155条）の登記などを申請する場合には、委託者、受託者及び受益者の合意が要件となっています。このように、委託者は、信託の変更の登記等を申請する際の登記申請当事者になり、登記原因を証する情報の作成名義人（あるいは、承諾者・同意権者）として法律行為の有効性や真実性を自ら証明する立場に置かれることから、登記申請行為にも密接に関わっています。

　しかしながら、委託者の地位が移転しているにもかかわらず、委託者の変更の登記がされていない場合には、登記原因を証する情報等の内容が既存の登記記録と矛盾するという事態が生じることとなります。この場合には、登記官の形式的審査権の根本をなす「登記の連続性」の要請という観点から、委託者の変更の登記が必要となります。

　ところが、委託者の合意を証する情報を提供する必要がない場合や当該信託の登記が抹消されることが明らかな場合には、当該変更の登記を申請することを手間と感じ、当該変更の登記を省略したいと考えるようです。

　委託者の変更の登記申請が義務となっていることと、委託者が登記申請行為に密接に関わることを併せて考えると、実体どおりに委託者を登記するべきです。また、登記申請義務は、信託の終了の登記を申請することが明らかになったなどの後発的に生じた事由によって免除される性質のものではなく、法令の定めるところに従い委託者の変更の登記（信託目録の記録事項の変更）の申請をしなければなりません。

　この問題については、近時、「信託目録の委託者の変更の登

記について【カウンター相談】(250)」登記研究833号171頁以下で詳細な解説がされたこともあって、少しずつですが、登記実務家の間でも理解が広まってきたように思われます。

第2 委託者の変更の登記が懈怠される背景

　前記第1で述べたような類似の照会が繰り返される背景には、大手信託事業者の手掛けた不動産信託の委託者の変更の登記の申請が留保される常況があり、長期間の登記懈怠が恒常化している実体があるのではないかと危惧しています。そして、当該登記の申請をすることが手間であると考える向きがあり、このことが前記第1の2(1)～(7)のような見解となっていると考えています。

　ここでは、委託者の変更の登記の申請が懈怠の常況となった背景事情を探り、この問題を更に深掘りしたいと思います。

1 旧信託法時代の登記実務と信託業の実務

　旧信託法時代、委託者の地位の移転、すなわち、その主体を変更することができるかについては、解釈上の疑義があり、これが、今日の問題の起源であると考えられます。

　旧信託法には、委託者の地位の移転に関する規定がなく、委託者に認められていた権利の大部分が一身専属権だったこともあり、学説は、委託者の地位を一身専属権と解し、移転を否定的に捉えるものが多かったようです（注1）。これは、旧信託法が民事信託を念頭に置いており、今日のような転々流通する信託商品としての信託受益権を意識していなかったからと思われます。しかしながら、1990年代に不動産等の資産の流動化が

盛んになり、自益信託において委託者と受益者の地位が分離することによる弊害が顕著になると、通説的な見解に異を唱えたり（注2）、委託者の地位の移転を認めようとする学説が目立つようになります（注3）。

　登記実務は、不動産の資産流動化商品が登記される以前から、自益信託か他益信託かを問わず、委託者の主体の変更の登記はすることができないとの考え方（注4）が定着していたので、信託業の実務が、旧信託法当時に、既に不動産等の資産の流動化に用いられる自益信託の商品化に伴って、信託条項に「委託者の地位は、本契約に定める受益権の譲渡に伴い受益権の譲渡人に移転する」旨（地位移転条項）を定めていたことを思えば、この時点で、登記実務と信託業実務の解釈のかい離があったことを認めなければなりません。

　しかし、委託者自身が受益者となる自益信託の場合には、当時の登記実務も、信託行為に定めれば受益権の譲渡とともに委託者の地位の譲渡も有効になし得るとする見解（注5）に後押しされたこともあり、地位移転条項そのものが無効であるとは考えていませんでした。そして、信託原簿に地位移転条項を登記するまでは認めたものの、委託者の主体の変更の登記を認めるまでは割り切れず、登記官も変更の登記を拒んでいたものと考えられます。

　当時の信託業実務も同様に、地位移転条項は、契約上有効であり、その登記も可能であるが、委託者を後発的に変更する登記は不可であるという認識が浸透しており、その結果として、大手信託事業者の手掛けた旧信託法の不動産信託の登記には、

委託者が変更した場合には、委託者の主体の変更の登記を申請しなければならないという登記慣習が根付かなかったのだと思われます。

2　不動産登記法と実務の変遷

　旧信託法下の不動産登記法の適用は、平成16年法律第123号による改正前の不動産登記法（明治32年法律第24号）が適用される場合と、平成16年法律第123号の不動産登記法が適用される場合とに分かれます。前者は、2005年3月7日の不動産登記法施行日の前日である2005年3月6日までの申請を指し、後者は、2005年3月7日から新信託法の施行日の前日である2007年9月29日までの申請を指します。

(1)　2005年3月6日以前

　当時は、信託契約における委託者の氏名又は名称等は信託原簿の記載事項とされていました（旧不動産登記法110条ノ5第1項1号、110条ノ6第1項）。そして、委託者の氏名又は名称等に変更が生じたときは、受託者は、遅滞なくその変更を証する書面（注6）を添付し、信託原簿の記載を申請しなければなりませんでした（旧不動産登記法110条ノ10）。ここでいう委託者の変更の登記は、委託者自体の変更ではなく、委託者の住所の移転又は氏名の変更等の登記名義人の表示の変更に相当するもののみが許され、委託者の地位の譲渡に伴う委託者の変更の登記が許されていなかったことについては、前記1で述べたとおり

です。

(2)　2005年3月7日〜2007年9月29日

　平成16年法律第123号の不動産登記法では、委託者の氏名又は名称及び住所は、信託の登記の登記事項であり（不動産登記法97条1項）、これらの事項は、登記官が職権で作成した信託目録に記録されることとされました（同条3項）。そして、委託者の氏名又は名称及び住所に変更があったときは、受託者は遅滞なく信託の変更の登記を申請しなければならない（不動産登記法103条1項）こととされました。添付情報は、変更を証する情報ではなく、通常の登記原因を証する情報とされました。この期間の委託者の変更の登記は、委託者の住所の移転又は氏名の変更等の登記名義人の表示の変更に相当するもののみが許されており、実務上、委託者の地位の譲渡に伴う委託者の変更の登記は認められていなかったものと考えられます。

(3)　2007年9月30日以降

　信託法の施行に伴い、委託者の地位は、受託者及び受益者の同意を得て、又は信託行為において定めた方針に従い、第三者に移転することができる（信託法146条1項）と規定され、信託関係者の利益を損なうことにならない場合には委託者の地位を第三者に移転することが明文で許容されました。これを受け、不動産登記法103条1項の委託者の変更は、委託者の住所の移転又は氏名の変更等の登記名義人の表示の変更に相当するものだけではなく、委託者自体の変更を含むものと解釈の変更がさ

れました。すなわち、2007年9月30日をもって、委託者の地位
の譲渡に伴う委託者の変更の登記は必須とされ、以後、地位移
転条項の特約が登記されている場合において、受益権の売買等
があったときには、受益者の変更の登記のみならず、委託者の
変更の登記についても、受託者に登記申請を行う義務が生ずる
こととなったものと考えられます。また、「地位移転条項」に
ついては、信託法上の「信託行為において定めた方法（同法
146条1項）」と整理されたことを受け、「その他の信託の条項
（不動産登記法97条1項11号）」として登記事項とすることについ
て旧信託法時代からの解釈上の疑義が解消され、定められた地
位移転条項を登記することに紛れがなくなりました。

　しかしながら、実際は、新設された信託法146条1項への理
解や認知度は極めて低く、委託者の変更の登記がされず、当初
の状態のままとなっている登記が多数存在しているとの指摘が
あります（注7）。その後も、この解釈変更に関係者が的確に
実務対応することができていないようです。

《注》
1　委託者の地位が財産的価値を有する側面はあるものの、旧信
　託法が委託者に認める権利の大部分は譲渡に関して一身専属権と解
　すべきであり、しかも、以上の2つの部分の分裂は旧信託法の予
　想しないところであるから、原則として委託者の地位の譲渡は認
　められず、例外的に個性的でない自益信託の委託者の地位及び投
　資信託の委託者の地位についてのみ譲渡を肯定するものであった
　（四宮和夫『信託法〔新版〕』（有斐閣、1989年）344頁）。もっと
　も、四宮説は、当時から少なくとも一定の場合には委託者の地位
　の譲渡が可能であるとしていた。

2 委託者に法定帰属権利者としての地位が与えられていることに
鑑みれば、委託者の地位にも経済的な価値があると考えられるか
ら、委託者の地位を一身専属なものと断ずることはできない（村
松秀樹ほか『概説　新信託法』（金融財政事情研究会、2008年）
274頁）。ここでは、旧信託法の通説的な解釈にそもそも無理が
あったと指摘している。

3 1990年代に受益権証券の売買が盛んになると、旧信託法下にお
いてこれを認めようとする動きが活発になった。例えば、自益信
託については、受益権が譲渡された場合において委託者の地位と
受益者の地位が分離すると法律見解が錯綜すること等を理由に、
委託者の地位の譲渡を肯定し、他益信託については、委託者の地
位には経済的な価値がないこと等を理由に、委託者の地位の譲渡
を否定する見解（能見善久『現代信託法』（有斐閣、2004年）214
頁、新井誠監修『コンメンタール信託法』（ぎょうせい、2008年）
393頁）などがあった。

4 香川保一編著『全訂　不動産登記書式精義（下）』（テイハン、
1979年）357頁、藤原勇喜『信託登記の理論と実務〔改訂増補版〕』
（民事法研究会、2004年）201頁。

5 揖斐潔「土地信託と信託の登記」登記研究521号18頁。

6 変更を証する書面（旧不動産登記法110条ノ10）は、登記原因
証書（同法35条1項2号）とは異なり、申請書副本（同法40条）
によって代えることが認められていなかった。

7 齊藤明「最近問題となった不動産登記及び信託等に関する事例
について（上）」登記インターネット113号64頁。

第 **3** 旧信託法の適用を受ける信託の登記

> **問 3** 旧信託法の適用を受ける信託の登記がされているのですが、地位移転条項の定めが登記されており、受益権譲渡に伴い、実体上の委託者も変更されています。新信託法の適用を受ける合意をしていないので、委託者の変更の登記を申請する必要はないと考えますが、いかがでしょうか。〔照会者Ⅰ〕

1 照会に至る背景

　旧信託法が適用される信託については、信託行為の定めにより、又は信託の関係者の書面等による合意によって、適用される法律を新信託法とする旨の信託の変更をして、これを新信託法の規定の適用を受ける信託とすることができます（信託法の施行に伴う関係法律の整備等に関する法律（平成18年法律第109号。以下「整備法」といいます）3条1項）。また、新信託法の規定の適用を受ける信託となった場合には、新信託法の施行日以後にした行為等は、新信託法の相当規定によってしたものとみなされます（整備法5条1項）。照会者Ⅰは、地位移転条項の登記がされた旧信託法の適用を受ける信託の登記は、旧信託法当時の不動産登記の実務では委託者の変更の登記を申請する義務が

なく、当該信託の登記は、新信託法が適用される旨の合意をしない限り、旧信託法の適用を受けたままなので、委託者の変更の登記の申請をする必要はないとの意見を付しています。

2 問題点

　一般的には、旧信託法の適用を受ける信託であっても、2007年９月30日以降に申請される登記に関しては、現在の不動産登記法の規定に基づく審査がされます。もっとも、信託の実体的な法律要件や効果の部分は旧信託法の規定がそのまま適用されるので、そこに新信託法の規定を適用させる余地はないと考えます（整備法２条）。

　問題は、委託者に関する不動産登記法103条１項の「信託の変更の登記」の登記実務の解釈が、旧信託法時代には、「委託者の住所の移転又は氏名の変更等」の登記名義人の表示の変更に相当するものに限定されていたものが、信託法の施行後は、委託者の地位の譲渡に伴う委託者の変更にまで拡大したことが、旧信託法の適用（整備法２条）問題なのかということです。

　これが旧信託法の適用問題であれば、今日においても、なお旧信託法の適用を受ける信託に関しては、旧信託法当時の不動産登記法の解釈が維持されるべきことになり、そうでないとすれば、新旧いずれの信託法の適用を受ける信託であっても、現在の不動産登記法103条１項の解釈をすれば足りることとなります。

3　検　　討

　旧信託法当時、信託契約で地位移転条項が定められ、これを信託原簿又は信託目録の登記事項として登記がされた背景には、旧信託法下において地位移転条項が有効であるとの解釈があったことは疑う余地がありません（注8）。

　また、旧信託法当時、不動産信託業の実務では、既に信託受益権の売買が盛んになっており、地位移転条項に基づき実体上の委託者の変更がされていました。つまり、旧信託法当時から、委託者の変更には、委託者の主体の変更を含むとの解釈があり、前掲の当時の学説などもこれを認めていたことからすると、新信託法は、旧信託法下において先行していた信託実務の取扱いを明文規定をもって追認しただけであると思われます。

　もっとも、登記実務は、新信託法の施行の日まで、委託者の主体の変更の登記を許容しておらず、資産の流動化が促進された1990年代以降、長年、委託者の変更の実体が登記記録に反映されないという、公示機能の一部不全のような事象が起こっていたことになります。

　しかしながら、新信託法の施行によって、登記実務は、言わばこれまでの自己矛盾の呪縛から解かれ、晴れて解釈の変更をしたと考えられます。そうであれば、この解釈変更の対象となるのは、新信託法、旧信託法の適用を受ける信託の登記の別に関係なく、地位移転条項が登記されている全ての信託の登記であると考えられます。

ところで、照会者Iは、登記実務上、これまで認められていなかった委託者の主体の変更の登記が可能となったことにより、登記の申請への道が開け、実体と登記記録との不一致が解消されることになるのですから、委託者の変更の登記の申請に積極的な意見を付するように思われるのですが、「新信託法の適用を受ける合意をしていないので、委託者の変更の登記を申請する必要はないと考えます」との意見を付すなど、前記問1の場合と同様の問題が生じているようです。

　しかしながら、旧信託法の適用を受ける信託についても、やがて信託の終了の登記が必要とされ、少なくともそのとき当事者は、実体上の委託者と登記記録上の委託者が齟齬していることと向き合わざるを得なくなります。

　なお、この問題について「信託目録の委託者の変更の登記について【カウンター相談】(250)」登記研究833号171頁以下で詳細な説明がされていますので、次項にて詳解します。

《注》
8　申請人側にその意思があったことは、積極的に登記を求める申請をしたことから明らかであるが、登記官側に同じ意思があったかは疑問がある。当時は、信託原簿の記載事項のうちの「その他信託の条項」は、申請人側が任意に選定することができ、登記官の審査の対象外（あるいは、却下の対象にはならない）と考える向きもあったようで、この問題が登記官に認識されていたかは、必ずしも明らかではない。

第4 旧信託法の適用を受ける信託の登記が新信託法の適用を受ける信託となった場合

> **問4** 旧信託法の適用を受ける信託の登記が信託行為の定め又は信託の関係者による合意で新信託法の規定の適用を受ける信託となった場合において、委託者の変更があったときは、委託者の変更の登記をしなければならないでしょうか。〔照会者 J〕

　旧信託法の適用を受ける信託の登記が信託行為の定め又は信託の関係者による合意で新信託法の適用を受ける信託となった場合において、委託者の変更があったときには、委託者の変更の登記をしなければならないかという論点があります。著者は、前記第3で述べたとおり、信託行為に地位移転条項の定めがあり、現に委託者が変更しているのであれば、新信託法の適用を受ける合意の有無とは無関係に、委託者の変更の登記を申請する義務があると考えているので、そもそも旧信託法の適用の有無によって結論に差異が生じることにはならないのですが、照会者 J の意見によれば、旧信託法の適用を受ける信託の登記の場合、新信託法の適用を受ける合意の有無が登記の要否を左右することになります。この問題については、前掲【カウンター相談】（250）171頁以下が同様の見解を採っているのですが、実務では、この考え方をめぐって様々な議論が交わされています。カウンター相談では、①旧信託法下でも移転条項の

定めは有効であること、②旧信託法下では委託者の変更の登記は認められていなかったこと、③信託法の施行により委託者の変更の解釈が変わったこと、④信託法の施行により委託者の変更の登記が義務になったことなどが確認的に述べられた上で、委託者の変更の登記は、旧信託法の適用を受ける信託では認められず、新信託法の適用を受ける信託にのみ認められるとしています。その理由として、③信託法の施行により委託者の変更の解釈が変わったことが挙げられています。しかし、著者は、前記第3でも述べたように、委託者の変更の登記が許されなかったのは、当時の不動産登記法の解釈であって、旧信託法の問題ではなかったと考えています。これが信託法の解釈問題であれば、登記実務は、旧信託法下での地位移転条項は無効で、地位移転条項の登記はすることができないという立場を貫くべきだからです。しかし、登記実務は、旧信託法上、既に地位移転条項は有効であると解釈し、現に信託原簿等への記載を許していたのであって、本来であれば、地位移転条項の登記が認められたタイミングで、委託者の変更の登記の取扱いも変更されるべきところ、そこまで踏み切れない実務運用が続き、その後の信託法の施行を機に、不動産登記法の解釈変更がされ、委託者の変更の登記が義務化されることとなったと考えます。したがって、今日において、旧信託法の適用を受ける信託であることを理由に、旧信託法当時の実務運用を維持し、復活させる必要はないと思われるのです。カウンター相談の解釈が大きく分かれるところは、旧信託法の適用を受ける信託の登記の場合、新信託法の適用を受ける合意をしない限り、委託者の変更の登

記の申請をすることを要しないのかという点です。これに関しては、多くの実務家が、「旧信託法の適用を受ける＝委託者の変更の登記は要しない」と理解していますが、前掲【カウンター相談】(250) 174頁では、「……旧信託法が適用されます。そうすると、委託者の変更の登記についても旧信託法に基づく取扱いによることとなり、委託者の地位の移転があった場合でも、委託者自身が受益者となるときを除き、当該登記を申請することはできないと考えられます」と述べています。ここで除かれている「委託者自身が受益者となるとき」とは、いわゆる自益信託を指すものと考えられますので、本文は、「委託者の地位の移転条項のある自益信託にあっては、旧信託法の適用を受けるものであっても、委託者の変更の登記を要する」という解釈が正当ではないかと思われます。カウンター相談の文脈が、なぜ、自益信託ではなく、他益信託を前提としたものになっているのかは不明ですが、察するに、旧信託法下では、自益信託に限定して委託者の地位の譲渡性を肯定していたことから、旧信託法下における地位移転条項の定めが例外的なものであったことを明確にする意図があったのかも知れません。しかし、営業信託のほぼ全てが自益信託であること、他益信託の典型といえる民事信託は、旧信託法の下では利用実績が少なく、そもそも実務上、民事信託に地位移転条項が付されることは考えにくいことから、単に、「委託者の地位の移転条項のある自益信託にあっては、旧信託法の適用を受けるものであっても、委託者の変更の登記を要する」と結論付けるだけで、十分だったように思われます。また、「当該登記を申請することはでき

ないと考えられます」の部分が一人歩きして、自益信託に関して登記が不要であるとの誤解を与え、さらには、「登記を申請することはできない」という言い回しが、委託者の変更の登記が申請の義務を伴わないものであり、登記留保も認められるとの誤解を与えているようです。

第 5 登記原因を証する情報と印鑑証明書の添付

1 旧委託者の協力の要否

　委託者の変更の登記は、信託目録の記載事項の変更であり、受託者の単独申請によります。そして、当該登記の申請には、登記原因を証する情報を提供する必要があります（不動産登記法61条、不動産登記令7条1項5号ロ）。本書で問題とする地位移転条項に基づく委託者の主体の変更の登記は、旧不動産登記法下では認められていなかったことから、いかなる情報が登記原因を証する情報に該当するかは、現行不動産登記法の解釈の問題であるとともに、最終的には登記官の個別判断に委ねられるものです。

　登記実務の取扱いは、登記原因を証する情報として、受益者の譲渡証明書又は受益権売買があったことを証する書面（報告形式の登記原因を証する情報）が該当するとされ、当該情報には、「登記の原因となる事実又は信託行為」として、①信託の成立、②委託者の地位の移転の特約、③新信託法の適用、④受益者の変更及び⑤委託者の変更について記録されていれば足り、原則として、委託者の地位が移転した当時の受託者、旧委託者及び新委託者の記名押印を求めています（注9）。さらに、受益権の譲渡人である旧委託者について印鑑証明書の添付を求める見解も存在します（注10）。

登記申請人である受託者以外の者の作成に係る登記原因を証する情報が求められる趣旨は、受託者からの単独申請によることから、その登記の真実性を担保する必要があるからとされていますが、著者は、新不動産登記法の下で旧不動産登記法下における受託者の変更の登記の申請の添付書類の要件をそのまま求めることに疑問を持っています。

　というのも、受託者の変更の登記については、旧不動産登記法下では、変更を証する書面の添付が必要とされ（旧不動産登記法110条ノ10）、登記原因を証する書面（同法35条1項2号）を提出することは許されませんでした。つまり、登記原因を証する書面に代えて、申請書副本（同法40条）を提出することは認められず、申請人である受託者は、変更を証する書面として、受託者以外の関係者が作成した証明書を添付することになり、その証明書が官公署の作成によるものでないときは、当該作成者の印鑑証明書を添付することにより、文書の真正を担保するという構造になっていました。

　しかし、新不動産登記法では、従来の「変更を証する書面」から「登記原因を証する情報」に添付情報の性質が変更されています。単独申請における登記原因を証する情報のうち、個別に登記原因が存在することについて心証を採ることができる情報を提供させなければならないものについては、不動産登記令の別表欄に限定的かつ具体的な情報が列挙されることになりました。ところが、受益者の変更の登記原因を証する情報については、別表に個別列挙されておらず、原則に従った通常の登記原因を証する情報のレベル、つまり、旧不動産登記法の申請書

副本の提出との比較において、登記申請人である受託者がその作成者となり、登記の原因となる事実又は法律行為があったことを積極的に承認するというレベルまでの証明をすれば、最低限の目的を達するものと理解しています。

　もっとも、実務上は、委託者の地位が移転した当時の受託者、旧委託者（兼旧受益者）、新委託者（兼新受益者）である3者の記名押印が求められています。このように、厳格な登記原因を証する情報の添付を求めることとした場合、特に、長期間、登記の申請を懈怠していたようなときなど、関係者の協力が得られずに、登記原因を証する情報を作成することが困難となる事態が生じます。ここでは、そのような照会事例を見ていきます。

問5　委託者の変更の登記の申請情報に添付する登記原因を証する情報を作成するのですが、旧受益者を関与させ、押印をさせることが困難な状況です。登記原因を証する情報の作成者は、常に、受託者及び新受益者に前受益者を加えた3者としなければいけないのでしょうか（旧受益者の関与が困難な場合には、どのような登記原因を証する情報を作成すればよいのでしょうか）。〔照会者K、L〕

　例えば、委託者の変更の登記を懈怠した結果、当初の委託者兼当初の受託者は、譲渡後、既に信託の受益権に対する関心を失っており、協力を得られない場合や、法人にあっては、既に

法人格を喪失している可能性がある場合など、報告形式の登記原因を証する情報の作成に当たり、当初委託者に名義人として関与を求めることが困難な場合があります。

このような事情を考慮すれば、登記原因を証する情報の作成者については、信託行為の定めの真実性の確保及び委託者の地位の移転の事実の真実性の確保の観点を担保し得る範囲において、便宜的な取扱いが認められるべきでしょう。

照会者Kは、委託者の地位移転条項が登記されており、先に受益者の変更の登記がされているときは、委託者の変更がされていることは明らかであり、公知の事実であるから、登記原因を証する情報そのものの添付が不要であるとの意見を付しています。しかし、登記原因を証する情報は、権利に関する登記を申請する場合には、申請人は、法令に別段の定めがある場合を除き、その申請情報と併せて提供しなければならず（不動産登記法61条）、委託者の変更の登記の申請が法令に別段の定めがある場合に該当しない以上、登記原因を証する情報を添付しないということは考えられません。そもそも、登記原因を証する情報の添付の趣旨は、登記原因が真正であることを登記申請当事者に証明させることに主眼があるので、登記記録の内容が真正であることが公知の事実であれば、登記申請当事者による証明など、最初から必要ないことになります（注11）。

照会者Lは、登記の必要性は認めるものの、受託者のみの作成に係る登記原因を証する情報の添付も認められるのではないかと考えています。その理由として、「当初の信託の登記は、所有権の移転の登記と同時に申請しなければならず（不動産登

記法98条1項、不動産登記令5条2項）、所有権の移転の登記は、受託者を登記権利者、当初の委託者を登記義務者とする共同申請により行われる（不動産登記法60条）ので、信託目録に地位移転条項が記録されていることについて、信託行為の定めの真実性が制度的に確保されていると考えられます。一方で、委託者の変更の登記は受託者の単独申請であり、形式的に不利益を受けることになるであろう前受益者又は前委託者は、登記手続上、登記上の利害関係人でもなければ、登記申請当事者とはされていない。これは、当該変更の登記の性質が対抗要件としての性質を有さず、専ら公示上の便宜に過ぎないと解されていることによります」との意見を付しています。

　著者は、登記の連続性を維持することが重要であると考えており、受託者のみが作成した登記原因を証する情報にも、その適格性が認められるべきと考えていますが、現在の登記実務は、前受益者の協力を得ることが困難となっている事情等を考慮して、地位移転条項に基づく以後の受益者又は委託者の変更の登記の場合には、少なくとも現在の受益者（今回の登記の申請で委託者でなくなる者）が前任の受益者から権利を取得し、新たな登記によって形式的に権利を失うことになることから、登記原因を証する情報の作成者として関与させるべきと考えているようです（注12）。つまり、最低でも当該登記の申請人である受託者及び現在の受益者の2者で作成した情報であることが必須と考えられています。

　例えば、地位移転条項に基づき、委託者がA→B→C→Dと変更したにもかかわらず、登記記録がAのままであるときに、

中間を省略して、AからDへ直ちに変更の登記をすることは認められないので、この場合には、A→B、B→C、C→Dの登記をそれぞれ申請しなければなりません。登記実務では、登記記録上、現在の受益者Cが登記されているときは、各変更の登記に提供する登記原因を証する情報は、当該登記の申請人である受託者と現在の受益者（C）の2者で作成した情報で足りると解されています。しかし、現在の受益者（C）が過去の信託の変更の内容を理解しているのかは甚だ疑問ですし、最低でも2者で作成した登記原因を証する情報を必須とすることの合理性を説明することは難しいと思われます。

　上記のように、登記実務は、従来の厳格な取扱いによった場合、様々な弊害が生じてしまうことから、近時、若干の便宜的な取扱いを認めようとする動きがあります（注13）が、受託者のみの作成に係る登記原因を証する情報を認めるにまでは至っていないようです。

2　印鑑証明書の提供の要否

> 問6　委託者の変更の登記の登記原因を証する情報を作成
> したいのですが、作成者である旧受益者の印鑑証明書を
> 添付させることが困難です。このような場合には、どう
> したらよいですか。〔照会者M〕

　旧不動産登記法時代には、受益者の変更を証する書面の作成

者の印鑑証明書の提供を求める実務慣行がありました。本問は、受益権の売買が行われ、受益者の変更の登記のみがされ、委託者の変更の登記を懈怠しているものです。多くの場合、問5の場合と同様に、旧委託者の協力を得ることができない事情があるところ、現行の不動産登記法においても、旧委託者の印鑑証明書を添付しなければならないのかという問題です。

　照会者Mは、既に取引して離脱した旧委託者の協力が困難であり、旧委託者が登記原因を証する情報を作成しなければならないとすれば、登記の申請ができないことになり、公示機能の安定性と取引の円滑を阻害するとの意見を付しています。

　委託者の地位の移転の登記は、旧不動産登記法の解釈の下では認められていなかったので、この問題はなかったのですが、旧不動産登記法の下で認められていた受益者の変更の登記については、登記原因証書（申請書副本）の添付を認めず、変更を証する書面として旧受益者が作成した書面に印鑑証明書の添付を要することとされていました（「信託原簿の受益者の記載の変更の申請書に添付すべき「変更を証する書面」について【カウンター相談】(43)」登記研究554号99頁）。

　新信託法が施行され、不動産登記手続上も委託者の地位の移転の登記が認められるようになると、登記実務は、この旧不動産登記法下の受益者の変更の登記の取扱いをそのまま委託者の変更の登記原因を証する情報に類推し、受益権譲受人、受益権譲渡人及び受託者が作成者として記名押印し、更にこれに印鑑証明書を添付する取扱いを求めるのですが、委託者の変更の登記が長期間懈怠されている場合に、過去の受益者（譲渡人）の

協力が困難であり、更に印鑑証明書を提出させることは不可能といえます。

　新不動産登記法では、これまで慣例として添付させていた情報も含め、不動産登記令の中に添付情報を類型的に整理した結果、添付情報としての通常の登記原因を証する情報に、併せて印鑑証明書を添付させる必要はないといえます（注14）。にもかかわらず、新不動産登記法下においては、「登記原因を証する情報の真実性を補充させるために任意の提出を求める」との新たな理由により、印鑑証明書の添付が求められている現状があります。

　この点については、参考となる先例「弁護士法第23条の2に基づく照会（質権の実行による信託受益権の移転に伴う受益者の変更の登記手続）について」平22・11・24民二第2949号民事第二課長回答（登記情報594号97頁）があります。これによれば、旧受益者の印鑑証明書が登記原因を証する情報を補充するために任意に提供されたものにすぎないことを明確にした上で、登記原因を証する情報のみを提供すれば足りるのであって、旧受益者の印鑑証明書は不要であると結論付けています。

　この先例は、受益者の変更の登記に関するものであり、委託者の変更の登記に関するものではありませんが、通常の登記原因を証する情報に、印鑑証明書の添付が必要かという論点に答えるものであり、同回答の趣旨からしても、印鑑証明書を添付させる必要はないと考えます。もっとも、同先例の解説（注15）の「登記原因を証する情報を補充するために任意に提供された情報」の部分が、「登記原因を証する情報を補充するため

に印鑑証明書の任意提供を積極的に求めるべき」と曲解されて
しまっていることは否定できません。

　「印鑑証明書を添付することが望ましい」という理由で、任
意の印鑑証明書の提供を求める取扱いが不動産登記法の趣旨に
そぐわないことは明白であり、登記官が印鑑証明書の添付を求
めれば、資格者代理人は、それに従うしかなくなることを危惧
しています。

《注》

9　信託登記実務研究会編著『信託登記の実務〔第3版〕』（日本加
　除出版、2016年）481頁。同旨、前掲【カウンター相談】（250）
　登記研究833号176頁。

10　信託登記実務研究会編著・前掲注9・481頁。

11　著者は、登記原因を証する情報の一部として信託目録が添付さ
　れ、受託者が別途その内容を自認する内容の報告的な登記原因を
　証する情報が添付されていれば、これを積極的に認めて差し支え
　ないと考えている。

12　信託の登記は、受託者が単独で申請するものであり、金銭たる
　信託財産で受託者が不動産を購入した場合などは、委託者の当事
　者関与はない。著者は、必ずしも信託目録の変更更正の登記が単
　独申請であることが申請構造の欠陥であって、それを補うために
　登記原因を証する情報上、旧委託者の関与が必要となるとは考え
　ておらず、むしろ、信託目録の変更更正の登記が単独申請の構造
　を採る理由は、受託者と委託者は対立する関係ではなく、むしろ
　受託者は、委託者の利益を実現する立場にあると思われることか
　ら、旧委託者の当事者関与の要請がより低いものであることがそ
　の理由ではないかと考えている。

13　なお、前掲【カウンター相談】（250）登記研究833号177頁には、
　「報告形式の登記原因を証する情報の名義人については、便宜的

な取扱いを認めることが相当であると考えられます」との記述が、「弁護士法第23条の2に基づく照会（質権の実行による信託受益権の移転に伴う受益者の変更の登記手続）について」（平22・11・24民二第2949号民事第二課長回答の解説（登記情報594号97頁））には、「旧不動産登記法における取扱いの厳格さは、一定程度緩和してもよいものと考える」との記述がある。

14　河合芳光『逐条不動産登記令』（金融財政事情研究会、2005年）71頁は、「単独申請において提供する登記原因を証する情報を記載した書面（遺産分割協議書等）のうち、公務員以外の者が作成したものについては、登記原因を「証する」といえるために、当該書面の作成者に当該書面に記名押印を求め、かつ、申請人以外の者の押印に係る印鑑に関する証明書の添付が必要になると思われる」としている。

著者は、ここで述べられた印鑑証明書の添付の対象とされる登記原因を証する情報とは、不動産登記令の別表等によって規定されている「登記原因を証する情報を特定の情報に限定しているもの」又は「登記原因を証する情報に特定の情報を含まなければならないとされているもの」を指し、委託者の変更の登記のような通常の登記原因を証する情報は、印鑑証明書の添付の対象とはされないものと理解している。

15　前掲注13・平22・11・24民二第2949号民事第二課長回答の解説（登記情報594号98頁）では、「旧不動産登記法では、登記原因を証する書面がない場合は、申請書副本を添付することにより登記をすることができたことから、登記官が、質権の実行による受益者の変更に係る実体上の権利変動の過程を確認することができない。そのため、登記の添付書面についても、登記の真正を担保する観点から厳格に考えていたものと思われる。しかし、新不動産登記法では、登記原因を証する情報の提供を義務付けたことにより、登記官は質権の実行による受益者の変更に係る実体上の権利変動の過程を確認することができることから、旧不動産登記法における取扱いの厳格さは、一定程度緩和してもよいものと考える」と述べられている。

第 2 章

受益者の変更

受益者の氏名又は名称及び住所は、信託目録に記録される登記事項です（不動産登記法97条1項1号、3項）。不動産登記法及び信託法では、旧法と比較して受益者が登記申請手続に関与する機会が増えています。例えば、信託の併合・分割（不動産登記法104条の2第1項）等の信託の変更、又は信託の終了における信託財産の引継ぎ（信託法183条）などに受益者が登記申請人となって関与する場合、信託の変更（同法149条1項）、信託の終了（同法164条1項）などに受益者が登記原因に関する承諾又は同意権者たる第三者として（不動産登記令7条5号ハ）関与する場合、受益者の変更の登記等の添付情報としての登記原因を証する情報の作成者として受益者が関与する場合などが考えられます。これらのことからも、実体上の受益者と登記記録上の受益者を一致させる必要性はより高くなっていると考えます。

　本章では、照会事例から受益者の変更の登記実務の現状を考察します。委託者の変更の登記では、登記の申請をすることに消極的な意見が多かったのに比べ、受益者の変更の登記に関しては、照会者は様々な登記事項を考案して、その登記を求める傾向にあります。著者は、この要因には、照会者が「受益者の変更の登記」を「受益権の移転の登記」と誤認していることにあると考えています（注1）。不動産信託建物の利用権は、信託受益権の売買によって行われており、この信託受益権の取引と不動産取引とが経済的・金融取引的に同じ構造にあることから、信託受益権の取引が資格者代理人の立会いの対象とされ、同時履行決済がされる中で、資格者代理人が、不動産所有権の

移転手続と同様の手続手法で、信託受益権の移転の登記を完結させようとしているのではないかと思われます。

　しかしながら、不動産登記法では、所有権、地上権、賃借権等の敷地利用権の移転登記の手続にとどまり、信託受益権の移転登記の手続はありません。信託受益権が登記すべき権利として認められていない以上、当然と思われます。これに反し、信託受益権の移転登記の手続を実現しようとすると、不動産登記法の解釈に無理が生じることになります。

《注》
1　例えば、田村剛史「不動産信託受益権質権の私的実行による受益者変更の登記」（事業再生と債権管理130号46頁）では、「そもそも不動産登記の機能は、不動産の権利関係の現状および権利変動の過程を公示することにあるため、質権者が不動産信託受益権質権を実行し、受益権が移転した場合、これを登記に反映することは不動産登記法の当然の要請である」と記述している。

第 1 受益権の譲渡に伴う受益者の変更の登記

> **問1** 受益権の譲渡の登記を申請したいのですが、受益者の住所や氏名の変更については記録例が示されているが、受益権の譲渡に伴う受益者の変更の記録例がないので、どのように申請すればよいでしょうか。〔照会者Ａ〕

　受益権は債権であり、受益権の譲渡の対抗要件は、民法上の指名債権譲渡の場合と同様、受益権譲渡人が受託者に通知すること、又は受託者が承諾すること（信託法94条1項）、また、受託者以外の第三者に対抗するためには確定日付による（同条2項）のであって、登記ではありません。受益権は、登記の対象となる権利ではなく、受益権の登記も、受益権の権利変動の登記もすることは予定されていません。受益権の対抗力に関しては、債権の一般原則に基づき不動産登記制度とは別の枠組みで行われるべきものです。

　照会者Ａは、資格者代理人として受益権売買の決済に関与し、受益者を実質的な不動産の所有者として認識し、受益権の譲渡の過程を登記すべきと誤認したものと思われます。しかしながら、不動産の信託から生じる受益権の譲渡を原因として不動産の信託の受益者が変更する場合には、それは、登記事項としての受益者の氏名住所が変更することにほかなりません。受益権の譲渡に伴う受益者の変更については、照会者Ａの考える

ような、特別な記録例を要するものではなく、通常の受益者の氏名住所の変更についての記録例が示されていることで足りると考えます。なお、登記すべき事項は、変更の原因と、受益者の氏名住所のみに限られ、受益権の登記がされるわけではないので、受益権持分は、登記すべき事項ではありません。

次に、旧受益者Ａから新受益者Ｂへの変更は、旧受益者の氏名住所に下線を付す方法により抹消すれば足りますが、複数受益者の一部の者が変更した場合、例えば、受益者Ａ及びＢのうち、旧受益者Ｂから新受益者Ｃへの変更は、旧受益者Ｂの氏名住所に下線を付し、新受益者Ｃを加える方法もあれば、受益者Ａ及びＢの氏名住所に下線を付し、新たにＡ及びＣの氏名住所を加える方法もあります。登記実務では、受益者の人数や、公示の利便性などを考慮して、適宜の方法でされているものと思われます。受益者の変更の登記は、飽くまでも受益者の住所及び氏名を公示することが目的であって、受益権の譲渡の変動過程を公示することを目的とするものではありません。

第2 受益権の準共有持分の登記

　信託受益権持分の登記の可否は、前章で触れた委託者の変更の登記の懈怠と同様に、資格者代理人からの照会が非常に多いです。この背景には、関係者が不動産信託受益権の金融商品としての一面だけに関心を持ち、信託法及び不動産登記法の諸規定を理解していないおそれがあります。

　問2　受益権の準共有持分を登記することは、実益もあり、これを認めない規定も、文献も見当たらないので、可能であると考えますが、いかがでしょうか。〔照会者Ｂ〕

　受益者の氏名住所は、登記事項とされていますが、権利としての受益権は登記事項ではありません。したがって、受益者が複数登記される場合に、これら受益者の有する受益権の準共有持分の登記をすることはできないと考えます。照会者Ｂの意見は、受益権の持分割合を公示する実益があり、また、受益権の持分割合の公示を否定する規定や文献がないというものですが、このような漠然とした理由で、受益権の準共有持分の登記が認められるとは考えにくいでしょう。

1 不動産信託受益権の売買持分

　不動産信託受益権とは、不動産信託の受益者が有する権利をいいます。具体的には、信託不動産から得られる賃料収入や売却益などの利益を受ける権利を指します。不動産信託は、信託業法の適用を受ける信託会社が受託者となり信託契約に定められた管理処分を行うものですが、処分信託の場合には、一般に、信託不動産の売却益から、租税公課、共益費、管理費用、手数料等を差し引いた残額を委託者兼受益者に配当するものです。管理信託の場合には、一般に、信託会社自身又は第三者をして信託不動産の賃貸管理を行わせ、そこから生じた利益から、租税公課、共益費、管理費用、手数料等を差し引いた残額を委託者兼受益者に配当するものです。

　これは、資産（不動産）の流動化（証券化）に伴ういわゆるファンドビジネスと呼ばれるもので、不動産金融市場の急速な発展の一翼を担ったJ-REITや不動産ファンドによる大型の不動産取引の多くは、この不動産信託受益権に関連するものです。具体的には、商品購入者に一旦不動産の所有権や共有持分権を取得させ、不動産の所有者（共有者）にした上で、信託会社を受託者とする信託契約を締結し、信託会社に所有権（共有権）を移転させた以後は、商品購入者は、委託者兼受益者となり、利益配当を受けることができるという仕組みになっています。

　受託者は、不動産管理業者に委任する場合が多いようです。

このスキームの最大のメリットは、相続が発生した場合に、相続人は信託受益権と委託者の地位のみを相続の対象とすればよく、不動産の遺産分割といった面倒な相続手続をしなくてもよいという点にあります。登記手続も受益者の変更（委託者の変更）の登記だけで足ります。また、売買の場合も同様に、信託受益権のみを売買すればよく、実際の不動産を売買するのではないので、不動産売買契約は存在せず、不動産取得税や売買の登記にかかる登録免許税も不要となります。なお、不動産信託受益権は、個人投資家以外に不動産ファンドが購入することが多いようです。

　管理信託の場合、信託契約の終了により最終的には委託者に所有権（共有権）が復帰することになりますが、信託契約に信託財産の処分条項があれば、信託期間中の賃貸収入が支出額を下回った場合には、信託不動産が売却され、売却代金によって受託者の損失に充当されることになるので、結果、商品購入者へは、清算後の残金のみが戻されるというリスクを負うことになります。信託契約に信託財産の処分が含まれてない場合には、現状有姿（敷金等の返還債務を含む）のまま返還されるリスクを負うことになります。そのほか、不動産マーケットの変動、不動産処分時の価格下落、不動産稼働状況の変化、賃料の変動、不動産の経年劣化、環境の変化、賃借人属性の悪化、災害等による被害、税制・法改正、不動産管理会社や受託者の業務懈怠、財務・信用状況の悪化等のリスクも想定されます。

　委託者は、信託契約の終了により最終的に委託者に復帰した所有権（共有権）を売却することも、信託契約期間中に信託受

益権を売却することもできますが、信託受益権を売却すれば、不動産取得税及び印紙税が不要となる等の理由で、信託受益権を売却することが一般的なようです。不動産ファンドが信託受益権を購入した場合には、そのまま信託契約を継続するメリットが大きく、個人投資家が購入した場合には、信託契約を継続するための手数料や信託手続が煩雑であるなどの理由により、購入と同時に信託契約を解除することが多いようです。なお、この場合には、信託終了に伴い、信託財産が購入者の固有財産となった旨の手続が発生することになります。

　2007年の金融商品取引法の施行に伴い、不動産信託受益権は、同法 2 条 2 項の有価証券のみなし有価証券に位置付けられました。これにより、取引に当たっては同法の規制対象となる金融商品となりました。不動産信託受益権の購入に当たっては、商品のリスクに同意する必要があり、仲介業者は、第 2 種金融商品取引業の登録が義務付けられています。

　信託受益権の売買は、法律上、細分化された信託受益権の持分すなわち信託受益権の一部が売買されることとなるので、売買の対象は、契約上、例えば「受益権持分 2 、219、692分の 3 、922」等の分数で特定されることになります。信託受益権は、金融商品であり、個人投資家や不動産ファンドが売却や購入を繰り返すことになるので、信託受益権の持分管理が必要とされるところ、受託者において受益権証書などによって管理されるものです。

2　登記申請手続

　例えば、信託受益権の売買により受益者の地位を喪失した者がいる場合又は新たに受益者の地位を取得した者がいる場合には、受託者は、受益者の変更の登記をしなければなりません（不動産登記法103条）。

　一方で、信託受益権は債権であり、登記の対象となる権利ではありません（同法3条参照）。したがって、信託受益権それ自体を登記することは許されるものではないと考えられます。このことは、同法59条6号の適用に関しても同様であり、信託受益権が「登記に係る権利」と認められない以上、信託受益権の持分の売買の都度（受益者に増減がないにもかかわらず）、「権利者の氏名住所」を登記することは予定されていません。信託目録に記録されるのは、受益者の氏名住所であり、信託受益権者の氏名住所ではありません。つまり、受益者は、登記に係る権利の登記名義人ではないので、受益者が信託受益権の持分を取得したとしても、「登記名義人ごとの持分」として、登記することはできないと考えられます。

3　登記実務の現状

　問3　以下の登記の申請をすることができるものと考えますが、いかがでしょうか。〔照会者C〕

登記の目的　受益者変更

原因　○年○月○日甲某持分2、219、692分の3、
　　　922（①平成○年○月○日受付第○号で登記した持分
　　　又は②平成○年○月○日乙某より○年○月○日に売
　　　買により承継した持分）の売買

変更後の事項　持分2、219、692分の3、922
　　　　　　　丙　某

　照会者Cによれば、信託受益権の売主である甲某が購入・売買を繰り返しているため、丙へ移転する信託受益権を特定することが困難であるとして、①は、信託受益権の発生対象となった当初の信託の登記番号をもって、②は、当初の信託受益権の持分がその後さらに細分化されていることから、当初の信託の登記番号をもっても特定することができないので、細分化された受益権の当初売主の氏名及び売買年月日をもって特定したいとしています。

　登記すべき事項は、受益者の地位を喪失した者がいる場合又は新たに受託者に地位を取得した者がいる場合のその者の氏名住所であり、変更の内容が持分の増減のみであれば、受益者自身には変更がないので、その登記の必要はないと考えられます。照会者Cの意見に従い信託目録の受益者欄に持分の増減を記録して、信託受益権の変動を公示させると、以後、このような登記が連続してされることが予想されます。しかしこのような債権の管理及び対抗要件の具備は受益権証書によって行われるもので、不動産登記制度によるべきものではありません。

この登記が形式的に不動産登記法59条4号に違反していることは明らかであり、実質的にも、信託目録の受益者欄をして信託受益権の権利変動の過程を公示させようとするものであり、許容されるものとは思われません。

4　持分記載についての様々な見解

受益者の欄に持分が記載されるようになったのは、不動産の流動化に伴って不動産信託の証券化が進んだ1990年代に遡ることから、この時代の大手信託事業者が手掛けた大規模な不動産信託に端を発しているように思われます。その後、登記事項の公示の連続性を理由に前例踏襲が重ねられた感があります。

登記官の中にも、持分を記載することはあながち的外れとはいえないなどとし、信託目録に受益権の配当に関する規定があれば、相対的記載事項（任意的記載事項）として、あるいは、公示上の便宜として持分の登記をすることを認めてもよいのではという意見や、そもそも却下対象にはならないので、受理せざるを得ないとする考え方などがありました。しかしながら、法定されていない登記事項を任意に創設することは、肯定されるものではありません。

照会者Cからは、「全国他の法務局では、持分管理をしていただいており、御庁においても○年○月までは当方の申請した持分を登記していただいていたことから考えると、本件も持分の登記をお願いしたく、検討願います」と、受益権の準共有持分が全国で登記された実例があることを挙げ、陳情とも受け取

れる意見が付されています。

　このように、一旦持分の登記がされてしまうと、登記の連続性の観点から、以後、受益権の譲渡の都度、登記記録上で持分の管理がされるようになり、途中で止めることが困難になります。登記官が軽い意識で登記事項とすることを１度認めてしまえば、信託期間中、関係者は登記された持分の表記の整合に拘束され、もはや任意的な登記事項では済まなくなり、後任の登記官は、信託目録による厳格な受益権持分管理を続ける責務を担わなければならなくなるおそれがあります。

　また、照会者Ｃは、「受託者については信託法79条に合有とする旨の規定があるが、受益者についてはない。よって、受益権の準共有は、民法264条の所有権の共有概念が準用される」との意見を付しています。さらに、「民法250条によれば、各共有者の持分は、相等しい持分と推定されるので、受益権の持分割合を公示する実益がある。また、受益権の持分割合の公示を否定する規定がないというものであり、持分を記載しないと、推定規定が働き、按分になるので登記が必要だ」との意見も付しています。

　信託目録には複数の受益者の氏名住所が登記されるだけであり、各受益者が有する受益権の準共有持分が登記されるものではありません。受益者の氏名住所を登記することによって受益権持分の割合が推定されることもなければ、その推定を覆すため準共有持分の登記が求められることもないと考えます。

第3　受益権債権の受益者の登記

1　受益権信託当事者の表記の可否

> 問4　不動産信託（受託者Ａ、受益者Ｂ）によって生じる
> 受益権を新たな信託財産とする信託契約（「受益権信託」
> といいます）（委託者Ｂ、受託者Ｃ、受益者Ｄ）を締結しま
> した。この場合には、不動産信託の信託目録の受益者欄
> に、以下のとおり、受益権信託の受託者Ｃ及び受益者Ｄ
> の氏名住所を併せて登記することができると考えますが
> いかがでしょうか。〔照会者Ｄ〕
> 受益者変更
> 　原　因　年月日受益権信託
> 　受益者　Ｂ
> 　受益権信託の受託者　Ｃ
> 　受益権信託の受益者　Ｄ

　受益権は、債権であり、原則として譲渡性を有しており、金
銭的価値に見積もることが可能な財産であることから、これを
信託の目的とすることは可能であり、受益権を目的とする信託
契約は、当然に認められるものと解されます（信託法93条、2
条7項）。そして、不動産信託の受益権を信託財産とする信託

契約の締結は、当然に有効であると考えます。ここでは、当初の信託を「不動産信託」と、不動産信託の受益権を目的とする債権信託を「受益権信託」と呼ぶこととします。

不動産信託の受益者であるBの住所氏名は、登記事項であり、受益者が変更された場合には、その都度、変更の登記を申請しなければなりません。不動産信託において受益者に変更が生じるのは、主として不動産信託の受益権の譲渡に伴う場合であるので、登記記録上に受益者の変更の過程が連続して公示される様が、あたかも受益権の譲渡の過程が積極的に公示されているかの誤解を生むことになります。

さらに、不動産信託の受益者Bは、受益権信託の委託者となることから、受益権信託の契約を締結すると、不動産受益権の名義がBから受益権信託の受託者Cに移転することとなります。これによって、不動産信託の受益者が当初のBからCに変更されることとなり、この場合には、「年月日受益権信託」を原因として、不動産信託の受益者の変更の登記が必要になります（【質疑応答】（7914）登記研究751号169頁）。

照会者Dは、受益権信託の目線で債務者の変更の登記記録を見て、受益権信託の目的となっている受益権が積極的に登記記録に公示されるべきものと考え、当該債権を目的とする信託契約（信託受益権）の内容である信託当事者（委託者、受託者、受益者）を登記することができるのではないかと思われたようです。

照会者Dの意見の趣旨は判然としませんが、察するに、不動産信託の受益者が受益権信託の委託者（兼受益者）であるよう

な二重信託の場合には、不動産信託の受益権欄にたまたま受益権信託の当事者の一部が記載されることになるので、不動産信託の受益者欄に受益権信託の受益者を併記することができるのではないかという意見のようです。

　しかしながら、受益権信託の受益者は、不動産信託の登記事項とはされておらず、受益権信託の受益者を不動産信託の登記事項として登記することはできないことは明らかです。二重信託の場合にこれが認められるとの意見に合理的な理由はなく、単なる要望にすぎないように思えます。不動産登記の対象となるのは、飽くまで当該不動産を信託財産とする不動産信託であり、債権を目的とする受益権信託の受益者を、不動産信託の登記事項として登記する理由はないと思われます。

2　指定金銭信託の受託者である旨の表記の可否

> 問5　不動産信託の受託者Aが、自身が受託者となる第三者からの指定金銭信託を受けた別の信託（金銭信託）の受託者となって当該不動産信託の受益権を取得した場合に、当該不動産信託の受益者の表示に「（指定金銭信託の受託者）」の文言を表示することができるでしょうか。
> 〔照会者E〕
> 　受益者の変更の登記
> 　変更後の事項　　受益者
> 　　　　　　　　　何町何番何号

何某信託株式会社

（指定金銭信託の受託者）

概念図

第1信託（不動産）　　　第2信託（金銭信託）

　委託者　　　　　　　　　委託者

　受託者Ａ　　　　　　　　受託者Ａ

　受益者Ｂ……受益権（債権）……第1信託受益権の

　　↓　　　　　　　　　　　　　　取得Ａ

　受益者Ａ

　第1信託（不動産信託）の受託者Ａは、第2信託（金銭信託）の受託者でもあり、Ａが第2信託の信託財産である金銭をもって、第1信託である不動産信託の受益権（債権）を取得した場合には、不動産の信託受益権も信託財産となり、不動産信託の受益者は、当初のＢからＡへ移転するので、その結果、不動産信託の受益者に変更が生じることになります。この場合には、「年月日受益権信託」を原因として、不動産信託の受益者の変更の登記が必要となります（前掲【質疑応答】(7914)）。「年月日受益権信託」を原因とすることが認められた背景は、本問のように、受益者の変更の登記をすることによって、不動産信託の受託者と受益者が同一となって公示される場合には、いかなる原因によって同一となったのかを明確に公示する必要性が生じるからであり、「年月日受益権信託」とすることにより不動産

信託の受益権が一般的な売買等によって譲渡されたものではなく、信託譲渡によって譲渡されたものであることが明らかとなります。

　照会者Eは、受益者の表示として、氏名住所の次に括弧書で指定金銭信託の受託者と登記したいとのことですが、おそらく、受益者の住所氏名のみを登記すると、不動産信託の受益者と受託者が同一人に帰してしまい、公示上、混乱するのではないかと考えたのかもしれません。あるいは、受託者には利益享受が禁止されているところ（信託法8条）、受託者が受益権の全部をその固有財産で保有する状態であるとの誤解を受けるおそれを憂慮したのかもしれません。確かに、照会者Eのように、登記記録中に「（指定金銭信託の受託者）」の文言を加えれば、受託者が第2信託（金銭信託）の受託者でもあることが明らかとなり、受託者が委託者及び受益者を兼ねることとなった経緯も判然とするのですが、この公示上の問題は、登記原因を「年月日受益権信託」とすることにより既にクリアされており、「（指定金銭信託の受託者）」の文言を加える必要はないと考えられます。

第4 旧信託法の適用を受ける不動産信託の受益者の地位

> **問6** 旧信託法の適用を受ける不動産信託（受託者Ａ、受益者Ｂ）によって生じた受益権を目的とする新信託法の適用を受ける受益権信託契約（委託者Ｂ、受託者Ａ、受益者Ｂ）を締結することは可能と考えますが、この場合、不動産信託の受託者Ａが受益者の地位を兼ねることとなりますが、問題ないでしょうか。〔照会者Ｆ〕

概念図

```
不動産信託            受益権信託

委託者

受託者Ａ

受益者Ｂ……受益権（債権）……委託者Ｂ
   ↓                受託者Ａ

受益者Ａ
```

1 スキームの整理

　照会者Ｆが照会に至った趣旨は、不動産信託によって生じた受益権を信託財産として、不動産信託の受託者に信託譲渡する

スキームを考えたので、登記官にそのリーガルチェックをして
ほしいというものです。

(1) 受益権の信託

　前記第3で述べたとおり、受益権は、債権であり、原則とし
て譲渡性を有しており、金銭的価値に見積もることが可能な財
産であることから、これを信託の目的とすることは可能であ
り、受益権を目的とする信託契約は、当然に認められるもので
す（信託法93条、2条7項）。そして、その受益権が不動産信託
によって生じる信託受益権であったとしても、特に問題とされ
ることはないので、不動産信託の受益権を信託財産とする信託
契約の締結も当然、有効と考えられます。

　もっとも、照会に係る不動産信託は、旧信託法の適用を受け
る信託であり、旧信託法における受益権の譲渡性については諸
説あったことから疑義が生じます。信託法が施行される前にさ
れた信託契約については、委託者、受託者及び受益者の合意に
より、信託法への移行が認められている（整備法3条1項）こ
とから、解釈上の疑義を回避したいのであれば、不動産信託に
ついてこの手続を経る方法が考えられます。

(2) 受託者と受益者の併有

　信託法では、その状態を1年以上継続させないことを条件
に、受託者が受益者を兼ねることを許容しています（信託法
163条2号）。一方、旧信託法では、受託者が受益者を兼ねるこ
とが原則禁止されていたことから（旧信託法9条）、照会者F

は、旧信託法の適用を受けるこのスキームの不動産信託の受託
者であるＡが受益者の地位を兼ねることに不安を抱いていま
す。

　旧信託法9条に関しては、これまで①受託者が受益者を兼ね
ることによる債権債務の混同を防止するもの、②信託は、他人
のための制度であることを確認したもの、③受託者を監督する
者の欠如を防止するもの、④債権者詐害を防止するもの、⑤受
託者の忠実義務を定めた趣旨であるなどの解釈がされてきたの
ですが、③ないし⑤の立場からは、これに違反する信託や、信
託行為の後に受託者が全ての受益権を取得した場合には、当該
信託又は当該取得行為は無効になるものと解されていました。
また、受託者と受益者が形式的に一致するか否かではなく、信
託の構造が潜在的に維持されているかどうか、あるいは、受託
者が実質的に信託財産から利益を享受しているか否かをメルク
マールとする見解もありました。

　本問の不動産信託の受託者が同信託の受益権を取得すること
は、不動産信託の受託者Ａと受益者Ａが法形式上一致するもの
ですが、不動産信託の受益権は、受益権信託の受託者に信託譲
渡されたものであり、不動産信託の当初受益者Ｂは、不動産信
託の受託者Ａが保有する受益権について監督を及ぼすことがで
きます。言い換えれば、不動産信託の受託者Ａは、受益権信託
の受益者（兼委託者）Ｂから不動産信託の受益権の管理、処分
につき監督を受けることになるので、潜在的に信託の構造は維
持されているものと解されます。そして、不動産信託の受託者
Ａは、実質的に不動産信託の受益権から得られる利益を自ら享

受しているわけではないので、旧信託法 9 条には反せず、許容されるものと考えることができます。

　また、受益権信託によって不動産信託の受託者と受益者は形式的に同一人となりますが、実質的には、受益権信託の受益者Ｂが受託者Ａに指図等することは不動産信託の受益者Ａ（受益権信託の受託者Ａ）である不動産信託の受託者Ａに対してするのと同じこととなります。さらには、受託者Ａは、不動産信託の受益権を固有財産としてではなく、信託財産として取得したにすぎません。

　仮に本件不動産信託が新信託法の適用を受けるものであった場合には、受益権信託によりＡが取得する受益権が固有財産でないときは、当然に有効なものと解することができます。また、受益権が固有財産であったとしても、信託法163条 2 号の終了事由に該当する信託になるというだけであって、不動産信託の有効性が問題となることはありません。

⑶　回答の限界

　照会者の示すスキームを単純に考えた場合、不動産信託の受託者が当該不動産信託の受益権に基づき信託譲渡を受けるだけであれば、不動産信託と実質的な権利関係は異なるものではなく、このようなスキームを採ることに相応の理由がないのであれば、いたずらに権利関係を複雑にするだけであり、当初信託の信託受益権の信託譲渡が無効と判断される余地は残されます。

　しかしながら、照会者から本問のスキームメリットについて

の説明を受けないまま、登記官が当該スキームに相応の理由が
あるかを審査することは困難であり、何らかの経済的な利益が
あるからこそ当事者が登記申請をするつもりであると解するの
が合理的であることから、受託者が受益権につき信託譲渡を受
けるスキームを登記官が一律排除することは適当ではありませ
ん。

　登記官に、このような信託スキームのリーガルチェックを求
めること自体に無理があり、照会制度になじまないといえま
す。

2　登記申請手続

　不動産信託の受益者の氏名住所は、信託の登記事項（不動産
登記法97条 1 項 1 号）であり、その変更があった場合には、遅
滞なく、信託の変更の登記を申請しなければなりません（同法
103条 1 項）。したがって、本件の場合、不動産信託の受託者は、
受益者Ｂから Ａ への変更の登記を申請する必要があります。

3　登記原因を証する情報

　旧信託法の適用を受ける信託については、整備法 3 条 1 項の
合意がされていることを証する情報の提供がない限り、登記官
は、形式的に旧信託法の適用を受けるものと判断することにな
ります。本問は、不動産信託が旧法の適用を受け、受益権信託
が新法の適用を受けるものです。また、受益権信託がされたこ

とにより、不動産信託の受益者及び受託者が同一人になるので、これが有効であることが登記原因を証する情報上明らかにされている必要があります。登記官には、この登記をすることによって旧信託法9条の規定に抵触するのではないかとの疑問が生じるからです。

　しかしながら、登記原因を証する情報中に、受益権信託によって信託譲渡された事実と受益権信託における当事者の関係が明確にされているのであれば、結果的に、㋐受益権信託に基づく受益権を受益権信託の受託者が固有財産（新信託法2条8項）として取得するものではないこと、㋑不動産信託の受託者に対する管理権の混同は生じないこと、㋒不動産信託の受益者に対する注意義務（新信託法29条、旧信託法20条）、忠実義務（新信託法30条）等に反するものではないことなどが明らかとなりますので、この場合には、登記原因を証する情報中に、特段、これらのことを定めた受益権信託における信託契約の内容を記録した情報（契約条項や当事者の関係が分かるもの）を記録する必要はないと考えられます。なお、不動産信託及び受益権信託のいずれも新法の適用を受ける場合には、新法では、そもそも受益者と受託者が同一になることが許容されているので、上記㋐〜㋒の法律関係を考慮する必要そのものがないことになります。

4　登記原因

　本件の受益者の変更の登記をする場合には、不動産信託の受

託者と受益者が同一となって公示されるので、いかなる原因によって同一となったのかを明確に公示する必要があることから、「年月日受益権信託」とすべきとされています（【質疑応答】(7914) 登記研究751号169頁）。これにより、不動産信託の受益権が一般的な売買等によって譲渡されたものではなく、信託譲渡によって譲渡されたものであることが明らかとなります。

第 5 受益者の会社分割

> **問7** 受益者である法人に会社分割が生じたのですが、登記をすることができますか。〔照会者G〕

　受益者の有する権利は、譲渡することができます（信託法93条1項）。吸収分割承継会社は、分割の効力発生日に、吸収分割契約の定めに従い、吸収分割会社の権利義務を吸収分割承継会社に承継する（会社法759条1項）ことになるので、会社分割によって、受益者に変更が生じた場合には、「年月日会社分割」を原因として受益者の変更の登記を申請しなければなりません。

　登記原因を証する情報は、登記実務上、原則として、受託者及び会社分割前後の受益者が作成することとされています。当事者の印鑑証明書は、添付を要しません。

　なお、地位移転条項が定められている場合には、会社分割による受益者の変更に伴い、委託者の地位も変更することになりますが、委託者の変更は、受益者の変更に伴うものであり、会社分割によって直接生じたものではないので、委託者の変更の原因は、「年月日変更」とするのが相当と考えられています。

第6 受益権の分割

> **問8** 複数の不動産を信託財産とする信託契約を締結し、不動産ごとに受益権を分割して、その登記をすることはできますか。〔照会者H〕

　複数の不動産を信託財産とする1つの信託契約を締結することは可能です。この場合、信託契約は1つであり、不動産の数に応じて複数の信託契約が存在するわけではありません。この場合に不動産ごとに当初受益者を定めることも可能であり、また、当初受益者がA不動産の信託受益権をaに、B不動産の信託受益権をbにそれぞれ譲渡することも可能であると考えます。このように、1つの信託契約に属する信託受益権を量的に分割することを「受益権の分割」といい、受益権を分割して譲渡することを「受益権の分割譲渡」と呼ぶことがあります。この場合でも、信託契約は、飽くまでも1つであり、受益者ごとに信託契約が複数存在するわけではありません。したがって、信託目録に記録される受益者は、信託契約上の受益者を全て記録すべきであって、不動産ごとに割り当てられた（分割された）受益者のみが記録されるものではないと考えられます。

　信託の分割（信託法2条11項）という概念がありますが、これは、ある信託の信託財産の一部を受託者を同一とする「他の信託の信託財産」又は「新たな信託の信託財産」として移転す

るものであり、ここでいう受益権の分割や受益権の分割譲渡とは異なるものです。ところで、複数の不動産を信託財産とする信託契約が存在しているとしても、登記制度上は、不動産ごとに信託目録が備え付けられており、Ａ信託不動産とＢ信託不動産が同一信託契約によることが公示されるものではありません。この点については、Ａ信託不動産とＢ信託不動産が同一信託契約によるものであることを積極的に公示すべきだとの考え方もあるかも知れませんが、現行不動産登記制度での信託財産の公示方法は、個々の不動産に着目して、当該不動産にいかなる信託的な制約が付着しているかを明らかにするためのもので、信託財産の総体を、あるいは信託財産相互間の関連性を積極的に公示することは予定されていません。したがって、現行不動産登記制度の下で、「信託財産目録」のようなものを創設し、登記の公示機能の拡張を図ろうとする考え方には無理があるといわざるを得ません。

　なお、上記の事例で、Ａ不動産につき信託を一部合意解除する場合には、一部合意解除の当事者は、受託者と受益者全員となるのであって、Ａ不動産の信託受益権を享受しているａのみが当事者たる受益者となるものではないと解されます。

第 7 受益権の買主の地位譲渡

> 問 9　甲から乙への受益権の売買契約が締結され、代金決
> 　　済までの間に乙が買主の地位を丙に移転することは可能
> 　　ですか。この場合の登記原因を証する情報はどのように
> 　　作成すればよいですか。〔照会者Ｉ〕

　買主の地位の譲渡とは、売主甲と買主乙との間では通常の売
買契約を締結し、買主乙が当該売買契約における買主としての
契約上の地位を第三者である丙に譲渡することです。これは、
通常の売買によって乙が取得した権利（所有権）を丙に譲渡す
るのではなく、乙の有する契約上の地位を丙に譲渡することに
なるので、権利変動は、甲→乙→丙ではなく、甲→丙になりま
す。したがって、買主の地位の譲渡に基づき所有権の移転の登
記の申請がされても、それは、いわゆる中間省略登記にはなり
ません。

　ところで、この売買の対象となるものは、不動産の所有権に
限られません。所有権以外の物権、金銭債権等の債権など、こ
れらの「契約上の地位」そのものが広く譲渡の対象となりま
す。したがって、受益権の売買においても買主の地位の譲渡は
認められると考えます。売買契約における買主の地位とは、一
般的に所定の売買代金を支払うことによって売買対象物の所有
権を取得することのできる地位であると考えられますが、それ

以外にも、買主が有する債権債務をはじめ、契約の解除権その他、契約当事者が有する地位一切を包含しています。

　また、買主の地位の譲渡は、単なる債権譲渡ではないので、譲渡の当事者である乙丙間のみで有効に成立するものではありません。乙との売買契約の当事者である甲からすれば、代金支払請求権の債務者が乙から丙に変更されることは重大な事項であり、甲を無視して買主の地位を譲渡することは認められません。したがって、買主の地位の譲渡は、甲乙丙の3者による三者契約とするか、譲渡当事者である乙丙の合意に加えて、甲の同意が必要とされることになります。

　本問は、甲から乙への受益権の売買契約が締結され、代金決済までの間に乙が買主の地位を丙に移転したものであり、受益権は、甲から丙へ移転したことになります。この場合の甲から丙への受益者の変更の登記に添付すべき登記原因を証する情報としては、登記実務上、例えば、「所有権の移転の登記の登記原因を証する情報の取扱い（平成19年1月12日民二第52号通達）」に準じ、甲乙丙の3者が作成した情報（あるいは、甲乙が作成した情報に丙が同意した旨の情報）に3者が押印したものが求められているようです。

第 **8** 受益者の相続

> 問10 信託目録に、「契約期間中に受益者に相続が発生し
> た場合における本件信託の受益者は、所定の様式による
> 届出書を受託者に提出することにより、指定することが
> できる。また、指定のないときは、受益者の法定相続人
> 全員が法定相続割合により受益権を承継したものとみな
> す」旨の定めがあり、この規定に基づき、相続人の1人
> に受益権を承継させることが可能と考えますが、いかが
> でしょうか。〔照会者J〕

1 受益者に相続が発生した場合の定め

　信託行為の定めにより受益者となるべき者を指定している場
合には、当該指定された者は、当然に受益権を取得します（信
託法88条）。照会者Jは、本件の信託目録の規定は、誰が受益
者となるべき者を指定する権利を有しているのかという点が不
明確であるとしています。もっとも、信託法88条の規定では、
信託行為の定めにより受益者が指定されるので、指定権などと
いう概念を持ち込むまでもなく、要件を満たす者が結果的に指
定されることになり、強いて指定権者が誰であるかといえば、
それは、信託行為を定めた信託当事者（委託者及び受託者）の

意思ということになると思われます。

　本問では、信託行為で「所定の様式による届出書を受託者に提出することにより、指定することができる」とありますが、照会者Jは、これが、㋐何人（なんぴと）も、受託者に対し自己を所定の様式により届け出ることによって当然に受益者となる趣旨なのか、㋑受託者に対し自己を所定の様式により届け出るだけで当然に受益者となるわけではなく、誰かが受益者となることを認める必要があるのかという趣旨なのかが不明であるとしています。

　しかしながら、何人も届出さえすれば受益者になることができるという㋐の解釈は、実際問題として考えにくいことから、㋑の解釈が相当と思われますが、更にこの場合には、誰が指定権を有しているのかが判然としません。そこで、前後の文脈から、「所定の様式による届出書を受託者に提出することにより、（受託者が）指定することができる」と解するのが妥当のように思われます。

　このように、契約自由とはいえ、当事者が自由に定めた契約の内容が信託目録に公示されることにより、その後、登記官を含めた多数の第三者が同規定を解釈する必要が生じることになります。本問のように契約の当事者でさえ分からないといった事態も起こり得るわけです。近時、信託登記の専門家の間では、民事信託における紛争を回避させる目的で、信託目録の内容を意図的に不明瞭にするテクニックが賞賛を得ているようですが、それが後続登記の申請時に決定的な障害となり、信託目録の記録内容を明確にするための錯誤更正が必要とされるな

ど、かえってトラブルの温床になっている嫌いがあります。このような事態を想定すると、解釈上の疑義が生じないように、あらかじめ契約書の作成の時点で資格者代理人が十分なチェックをしておくべきと考えます。

受益者に相続が発生した場合には、相続人間の協議で受益者の地位を承継する者を定め、その者が受託者に届出書を出すことにより、受託者が新受益者を指定することを想定しているようなので、そうであれば、「契約期間中に受益者に相続が発生した場合には、受託者は、受益者になろうとする相続人に所定の様式による届出書を提出させ、受託者が新受益者を指定することができる」などの文言にしておけば、解釈上の疑義は生じなかったものと思われます。

なお、本問の場合には、「届出書の提出」と「受託者の指定」が受益者となるための要件であり、受益者となる者は、目録の記載上、必ずしも受益者の相続人のみとは限りません。したがって、登記原因を証する情報には、「受益者になろうとする者からの届出」と「受託者による新受益者の指定」があった旨が明示されている必要があり、殊更受益者になろうとする者が相続人の資格を有しているか否かは問われないことになり、当事者の真意と目録の記載内容がかい離してしまっています。

2　受益権の相続に伴う受益者の変更

問11　受益権に相続が開始された場合の受益者の変更の登

記について、㋐信託目録に記載すべき受益者の変更原因を「年月日相続」とすべきか、「年月日変更」とすべきか、㋑登記原因を証する情報として何を提供すべきかについて、教えてください。〔照会者Ｋ〕

　受益権は、原則として譲渡性を有していることから、相続も認められています（信託法93条）。受益権は、一般的に受益者としての権利と考えて差し支えないので、受益権の相続を受益者たる地位の相続と解することも、受益者の指定と解することもできると考えます。他方、受益権は民法の相続放棄の手続によらず信託法99条の規定により放棄することができると解されています。

　照会者Ｋは、㋐信託目録に記載すべき受益者の変更原因を「年月日相続」とすべきか、「年月日変更」とすべきか、㋑登記原因を証する情報として何を提供すべきかという登記申請手続の問題について、照会に及んでいます。㋐については、受益権が相続によって相続人へ承継されたのであれば、「相続」ということになりますが、委託者及び受託者が信託目録の記録中の受益者を変更したという捉え方をすれば、「変更」ということになるのでしょう。実際には、両行為は竹を割るように区別されず、受益権の相続を契機として、最終的に委託者及び受託者が受益者の変更に合意するという経過をたどることが多いのではないかと思われます。そうであれば、「相続」か「変更」かは、より実体に即したと思われる方を当事者において選択すればよいと思われます。

　㋑の登記原因を証する情報については、㋐の問題と絡みます。変更原因が「年月日相続」であれば、公正証書遺言や戸籍などを添付して、相続を証する情報を提供することも考えられます。この場合には、不動産登記法62条の申請に準じた情報の提供がされるのが一般的のようです。一方で、本件の登記申請人は受託者であることから、同条の申請の場合とは異なり、厳格な相続を証する情報を提供する必要性も乏しいものと思われます。実務では、相続によって受益者が変更した事実について受託者が作成した報告式の登記原因を証する情報を提供することも認められているようです。

　また、「年月日変更」であれば、委託者及び受託者が信託目録の記録中の受益者を契約によって変更したことになるので、必ずしも「相続」について言及する必要はなく、当事者間で変更契約書を作成するか、報告式の登記原因を証する情報を提供することとして差し支えないものと考えます。

第9 受益権の売買による受益者の変更の登記原因を証する情報

1 旧不動産登記法の「変更を証する書面」

　旧不動産登記法では、信託原簿の記載事項の変更の申請書には、変更を証する書面を添付しなければなりませんでした（同法110条ノ10本文）。例えば、受益者の氏名住所の変更の申請をする場合には戸籍の謄抄本や住民票の写し等がこれに該当し、受益権の売買による受益者の変更の登記には、信託受益権売買契約書を添付する取扱いが認められていました（「信託受益権の分割譲渡に係る受益者の変更の登記について」平4・1・30民三第470号民事第三課長回答（登記研究532号113頁））。当時から、「変更を証する書面」を契約書等の特定のものに限定する解釈はされていませんでした（注2）。しかし、旧不動産登記法では、「変更を証する書面」と「登記原因を証する書面」とは別のものとして整理されていたので、変更を証する書面を添付することができないという事態が生じても、登記原因を証する書面（同法35条1項2号）に代えて申請書副本を添付する取扱い（同法40条）は認められませんでした（注3）。その結果、契約書の提出ができない場合には、契約書に代えて、旧受益者から新受益者に受益権が移転した旨の旧受益者の証明書（申述書）を添付することでもかまわないとの取扱いが認められることになりました（注4）。この取扱いの趣旨は、信託原簿の記載の変更

が受託者が単独で申請するものであり、その真正を担保するために受託者以外の者の証明に係る変更を証する書面の添付（前受益者の印鑑証明書付き）が必要とされるからです（注 5 ）。

2　新不動産登記法の「登記原因を証する情報」

　新不動産登記法では、信託目録の変更に関しては、「変更を証する情報」が添付情報とはされず、原則的な添付情報である「登記原因を証する情報」の提供が義務付けられています。登記原因を証する情報として提供される情報としては、受益権の譲渡証明書又は受益権売買があったことを証する情報がこれに該当するものとされています（注 6 ）。報告的な登記原因を証する情報を提供する場合には、受益権売買の当事者である旧受益者と新受益者が作成名義人となっている必要があり、登記申請人である受託者のみが作成名義人となっているものでは、信託行為の定めの真実性の確保ができず、登記原因を証する情報の提供を求める目的に合致しないことから、登記原因を証する情報としての適格性を欠くものと考えられています（注 7 ）。つまり、登記原因を証する情報の具体的な内容は、旧不動産登記法当時の「変更を証する書面」のままといえます。

3　受託者の作成に係る登記原因を証する情報の適否

　著者は、現在の登記実務の取扱いに疑問を持っており、新不動産登記法の下では、受託者のみの作成に係る登記原因を証す

る情報が認められるべきであると考えています。

⑴　変更を証する書面と登記原因を証する情報との差異

　新不動産登記法下の登記原因を証する情報は、旧不動産登記法下の変更を証する書面とは、法的な性質が異なっています。まず、登記原因を証する情報は、公的な証明情報がある場合にはこれが含まれますが、私人の作成に係る契約書等の処分証書などでもかまいません。さらに、契約等の法律行為が行われたことを証する書面が存在しない場合には、売渡証書等の事後報告的な審査資料を作成して提供することができます（注8）。この報告的な登記原因を証する情報は、原則として登記申請人が作成することが想定されており、実務の取扱いでは、共同申請によるものである場合には、登記義務者のみの作成に係る差入書でも差し支えなく、その内容も、登記原因の証明ではなく、登記原因の内容を確認したものでかまいません（注9）。このような簡便な取扱いが認められる理由は、旧不動産登記法の申請書副本の提出との比較において、登記の申請人が登記原因を確認した書面を作成することは、それほどの負担にはならないという点が考慮されたからです。

　それでは、受益者の変更の登記のような単独申請の登記原因を証する情報については、どのように考えるべきでしょうか。この点、清水編著・前掲注8・205頁では、単独申請による登記の場合には、単独申請を認める個々の規定ごとに個別に登記原因を証する情報の内容を考える必要があるとして、登記の種類によって必要に応じて下位の法令にその内容が定められるべ

きである趣旨の示唆をしています。河合・前掲注 9 ・66頁では、単独申請による登記については、登記原因を証する情報の内容を特定の情報に限定するなどして不動産登記令の別表に個別に掲載しているとしています。つまり、単独申請における登記原因を証する情報のうち、個別に登記原因が存在することについて心証を採ることができる情報を提供させなければならないものについては、不動産登記令の別表欄に限定的かつ具体的な情報を列挙する趣旨と解釈されます（注10）。

　したがって、受益者の変更の登記原因を証する情報については、その申請が単独申請であるにもかかわらず、別表に個別列挙されなかったことで、特別な配慮をする必要はなく、原則に従った登記原因を証する情報を提供すれば足りるものと考えます。つまり、受益者の変更の登記の申請には、報告的な内容の登記原因を証する情報が認められるべきであり、旧不動産登記法の申請書副本の提出との比較において、登記申請人が登記原因を確認した書面を作成するのであれば負担にはならないという点を考慮し、登記申請人である受託者がその作成者となり、登記の原因となる事実又は法律行為があったことを積極的に承認するというレベルまでの証明をすれば、最低限の目的を達すると考えられます。

⑵　受益者の関与の必要性

　受託者が作成した情報では登記原因の真実性を担保できないとの立場によれば、具体的な添付情報が掲げられていないことが不動産登記令の不備と考えたり、受託者による単独申請が登

記制度設計の欠陥として捉え（注11）、制度矛盾が顕在化すると、これらの欠陥を実務でカバーするためには、受託者の単独作成に係る登記原因を証する情報を排除して、代わりに、受益者を登記申請手続に関与させる必要性が高まります。

　不動産登記令に「変更を証する情報」の具体的な内容を盛り込めば、第三者の私的な証明が必須になることから、旧不動産登記法下の受益者の変更の登記実務を復活させることができるかも知れません。また、信託の登記が単独申請ではなく、実質的な共同申請であるとの見解も採り得るかも知れません。

　しかし、受託者による単独申請を定めた旧不動産登記法109条の規定については、「109条は、信託設定後に信託関係の存続を前提として、受託者が信託財産に対する管理・処分権を行使することを前提とした規定である」（幾代通＝浦野雄幸編『新編不動産登記法Ⅲ《判例・先例コンメンタール》』（三省堂、1999年）266頁）とされています。受託者と受益者は必ずしも利害が対立する関係ではなく、受益者の利益を受託者が実現するという関係であることを考えれば、不動産登記法98条2項、103条は、受託者の単独申請という形態を採る規定と解することが自然なのであって、単独申請であっても受託者によって登記の真実性が確保されていると考えられます。

⑶　受益権売買と資格者代理人の立会い

　信託受益権の譲渡が資格者代理人の立会いの対象とされている実態があります。通常の不動産取引の場合、立会いの対象者は、売買当事者、不動産仲介業者、新旧の担保権者等ですが、

信託受益権取引の場合、受託者、投資運用事業者などが加わり、不動産仲介業者の代わりに第 2 種金融商品取引業者などが関係します。実際の信託受益権の売買には、受託者における信託業法の規制に加え、有価証券取引法の適用を受けることから、立会いには、数多くの法律行為の確認が必要とされています。資格者代理人が取引のどのレベルまで確認する義務があるのか、取引への助言ができるかという問題があります。そもそも登記を対抗要件としていない受益権売買の取引決済に資格者代理人として関与することが妥当なのかどうか、さらには、登記申請手続ではない受益権売買に伴う融資、すなわち、担保権の抹消・設定の手続を資格者代理人の守備範囲とすることが果たして妥当なのかということです。

　なぜ、これが登記原因を証する情報の問題になるのかといえば、信託受益権の譲渡が資格者代理人の立会いの対象となれば、資格者代理人が確認した書類を積極的に登記所に提供して、登記申請手続に反映させるべきだと考えるのは自然ですし、不動産登記制度がそれに応えていないのであれば、資格者代理人の目には制度不備として映るかも知れないからです。

4　印鑑証明書の添付問題

　報告的な登記原因を証する情報を提供する場合において、受益権売買の当事者である旧受益者と新受益者が作成名義人となっているときに、登記原因を証する情報の真実性の担保を目的として印鑑証明書を添付する実務慣行（注12）があります。

これは、旧不動産登記法当時の「変更を証する書面」の取扱いの見直しがされないまま、今日に至っていることを示すものですが、新不動産登記法の施行により、添付情報の法的性質が、「変更を証する書面」から「登記原因を証する情報」に変わり、印鑑証明書を添付する必要性は失われています（注13）。結果、平成22年回答が発出され、新不動産登記法下では、印鑑証明書は登記原因を証する情報を補充するために任意に提供を受ける情報となったのですが、実務の現場では、引き続き印鑑証明書の添付を求める取扱いが続いているようです。著者は、印鑑証明書を任意提供する必要はないと考えています。

5 受託者の承諾を証する情報と登記原因を証する情報との関係

受益者は、原則として自由に信託受益権を譲渡することができます（信託法93条１項）。この自由な譲渡は、信託行為により制限をすることができますが、この制限は善意の第三者に対抗することができません（同条２項）。信託目録に「受益権の譲渡には、受託者の承諾を要する」旨の特約が付され、当該特約が登記されたとしても、これを善意の第三者に対抗することはできません。逆に、同特約が登記されないからといって、受益者が信託受益権を自由に譲渡できることにもなりません。

登記官は、信託目録中に信託受益権の自由譲渡性を制限する特約が存在するか否かで、当該信託行為の実体的な法律関係を判断するよりほかありません。不動産信託の実務では、受託者

は、信託財産の管理運用上、受益者と密接な関係を構築する必要があることから、受益権の譲渡に際して事前承諾を受ける旨の特約を定め、事前に受益者の審査が行われています。そうであれば、受益者の変更の登記の登記原因が「受益権の譲渡」である場合において、信託目録の記録中に「受益権の譲渡には、受託者の承諾を要する」旨の定めがあるときには、登記原因について第三者が承諾したことを証する情報（不動産登記令7条1項5号ハ）を提供しなければならないこととなります。

　この点に関しては、旧不動産登記法時代から一貫した取扱いがされています。すなわち、受益者の変更の登記の申請人が受託者であり、当該受託者が登記の申請をすれば、そこの承諾の意思が内在されていることは明白であって、受託者の承諾の意思表示を特別な要式として改めて要求する必要はないものと解されています（「信託原簿の受益者の記載の変更の申請書に添付すべき「変更を証する書面」について【カウンター相談】(43)」登記研究554号99頁）。

　なお、現在の不動産登記法では、登記原因を証する情報の提出が求められており、当該登記原因を証する情報中には、受託者が承諾した旨の法律事実を記録する必要があると考えられるところ、この記録がない場合の取扱いが問題になります。著者は、この場合には、受託者の作成に係る登記原因について第三者が承諾したことを証する情報（不動産登記令7条1項5号ハ）が、別途提供されない限り、登記原因を証する情報の瑕疵は治癒されないものと考えています。なぜなら、受託者の登記申請意思をもって登記原因を証する情報の不備が補われるものでは

ないと考えられるからです。

　ところで、これとは別に信託受益権の譲渡に関する受託者に対する通知又は承諾（信託法94条1項）を要する場合があります。これは、債権である信託受益権の譲渡の効力が生じた後に行われる対抗要件具備の手段としての通知です。そこで、受益者の変更の登記の際に、この対抗要件を備えたことを証する情報を添付する必要があるかという問題があります。この点については、対抗力の具備の有無は信託受益権の譲渡の効力要件ではないので、登記原因について第三者が承諾したことを証する情報（不動産登記令7条1項5号ハ）を提供する必要はないと考えられます（注14）。

《注》
2　平4・1・30民三第470号回答の先例解説（登記研究532号116、117頁）では、「契約書によれば、受益権の持分の売買により新たな受益者が定められていることが明らかであるので、信託原簿の記載の変更を証する書面として差し支えない」との表現にとどまっていた。
3　「信託原簿の受益者の記載の変更の申請書に添付すべき「変更を証する書面」について【カウンター相談】（43）」登記研究554号99頁以下。
4　前掲注3・101頁。
5　前掲注3・101頁。旧不動産登記法下における受益者の変更の登記に関する記述としては、ほかに「弁護士法第23条の2に基づく照会（質権の実行による信託受益権の移転に伴う受益者の変更の登記手続）について」（平22・11・24民二第2949号民事第二課長回答）の先例解説（登記情報594号97頁）がある。その中で、「そのような（質権が実行されて効力が生じる）事実を記載した

書面等は、旧不動産登記法第110条ノ10が想定した変更を証する
書面には当たらず、受益者の変更の登記が、受託者の単独申請で
あることも勘案し、変更証明書として、旧受益者の証明書及び印
鑑証明書を添付する取扱いとしていたものと考えられる」との記
述がされている。「想定した変更を証する書面」「変更証明書」の
意味がわかりにくいが、質権が実行された事実を記載した書面は、
受益者の変更を直接証明したものではないので、そのような書面
は、旧不動産登記法110条ノ10が想定した変更を証する書面には
当たらず、変更を証する書面として、別途、旧受益者の証明書及
び印鑑証明書を添付する取扱いがされていたという趣旨だと思わ
れる。

6 「信託目録の委託者の変更の登記について【カウンター相談】
(250)」登記研究833号176頁。

7 前掲注6・176頁。

8 清水響編著『Q＆A不動産登記法』（商事法務、2007年）201頁。

9 清水編著・前掲注8・202頁、河合芳光『逐条不動産登記令』
（金融財政事情研究会、2005年）65頁。

10 河合・前掲注9・71頁に、単独申請において提供する登記原因
を証する情報を記載した書面等については、当該書面の作成者に
当該書面に記名押印を求め、かつ、申請人以外の者の押印に係る
印鑑証明書の添付が必要となる旨の記述があるが、本文でも述べ
たとおり、登記原因を証する情報を特定の情報に限定するものに
ついては、全て不動産登記令中に網羅されているので、受益者の
変更の登記の添付情報については、印鑑証明書の添付の要否さえ
も問題にはならないと解する。

11 旧不動産登記法下の議論では、本来、信託の登記は、委託者を
権利者、受託者を義務者とすべきだったとされている（幾代通
〈徳本伸一補訂〉『不動産登記法〔第4版〕』（有斐閣、1994年）
330頁）。これは、信託の登記の申請は、受託者が委託者又は受益
者のために行うものであるとの考え方に基づいている。著者は、
受益者の変更の登記を共同申請にすべきという議論をするのであ
れば、新旧受益者による共同申請ではなく、信託目録の変更の登

記自体が委託者を権利者、受託者を義務者とする共同申請によっ
てされるべきであると考えている。

12　信託登記実務研究会編著『信託登記の実務〔第3版〕』（日本加
除出版、2016年）474頁によれば、「受益権売買における受益者変
更に係る登記原因を証する情報の作成に際しては、信憑性（ママ）
を担保する観点から受益権譲受人、受益権譲渡人及び受託者が記
名押印（代表者印・実印）し、印鑑証明書を添付することが望ま
しいが、最低限、権利を失う受益権譲渡人については、記名押印
（代表者印・実印）をするとともに、印鑑証明書を添付する実務
上の取扱いをしているところである」とされている。

13　「弁護士法第23条の2に基づく照会（質権の実行による信託受
益権の移転に伴う受益者の変更の登記手続）について」（平22・
11・24民二第2949号民事第二課長回答の解説（登記情報594号98
頁））。

14　もっとも、平4・1・30民三第470号回答の先例解説（登記研
究532号117頁）には、「受託者は当該受益権の売買について承諾
した上で申請するものと考えられるので、この申請がされている
限りは、受託者の承諾があったものと当然に解することができる。
したがって、受託者の承諾書の添付は要しないものと解される」
との記述があり、指名債権譲渡の対抗要件を備えていることの受
託者の実体的な承諾が必要であるという立場が採られています。

第10 質権実行と受益者の変更

　一般的に信託受益権の購入に際しては、債権的な質権設定がされることから、当該質権の設定・抹消等の手続に不動産登記手続が関与する場面はありません。しかしながら、実務上、受益権の売買を所有権の売買と同視して、信託受益権の売買と担保権の得喪につき資格者代理人の立会い決済が行われており、登記実務家の中には、債権的な質権の得喪に関しても、登記が何らかの役割を担うべきとの考え方が出てきます。不動産登記手続が関連するのは、唯一、「受益者の変更」の箇所だけですので、この中に、信託受益権の立会い成果を組み込もうとする発想が生まれるようです。

　しかし、著者は、これらは、不動産登記制度の対象外であり、これを「受益者の変更」の登記の中で実現させようとすることには、根本的に無理があると考えており、この動きを危惧しています。

問12　債務者甲に対して有する金銭債権を担保する目的で、債権者乙が債務者甲の有する信託受益権に流質契約のある質権設定契約を締結しました。乙は、本契約に基づき質権を実行し、甲の有する信託受益権を取得しました。当該信託財産については、信託の登記がされていることから、今、信託目録の受益者を甲から乙へ変更する登記を申請する予定です。

1　甲の協力・関与（書類への押印）を要しないこと
　　　が可能ですか。
　　2　甲の協力が得られない場合には、私的実行登記に
　　　おいて、㋐流質特約付質権設定契約の成立、㋑債務
　　　不履行等による期限の利益喪失等を添付書類により
　　　証明することで、甲の関与なく受益者変更の登記が
　　　可能となった例もあるようなので、照会します。
　登記原因は、どのように記載したらよいでしょうか。
　〔照会者Ｌ〕

1　信託受益権の質入れと質権の実行

　質権は、債権者が有する債権の担保として、債務者又は第三者から受け取った物を債務の弁済があるまで留置し、債務の弁済がないときは、その物の価格（交換価格）によって優先弁済を受ける法定担保物権です（民法342条）。質権の目的物は、動産、不動産等の財産権であり、譲渡可能債権である信託受益権も、質権の目的とすることができます（信託法96条1項）。質権設定契約では、質権者に弁済に代え質物の所有権を取得させたり、法律の定める方法によらず質物を処分する契約（流質契約）が禁止されていますが（民法349条）、商行為によって生じた債権を担保するために設定された質権については、流質契約が認められます（商法515条）。したがって、甲及び乙の契約が商行為によって生じた債権を担保するための質権設定契約であり

（会社法 5 条）、流質特約が定められているものであれば、裁判所の民事執行手続によらずして、質権の私的実行が可能となります。

2　受益権質権の私的実行登記

上記のとおり信託受益権を質権の目的とする質権設定契約がされ、それが商行為によって生じた債権を担保するために設定されたもので、流質特約が付いているものであれば、裁判所の関与なしに質権を実行することができます。照会者 L は、これを「受益権質権の私的実行」と呼び、これに伴う登記申請手続を「受益権質権の私的実行登記」と呼んでいます。照会者 L は、この場合の受益者の変更の登記の申請に添付する登記原因を証する情報の詳細及び登記原因の記録方法について照会をしています。照会者は、信託受益権の売買と担保権の得喪の立会い決済に関与し、数多くの関係書類を取得していることもあり、これらの書類を登記申請手続に添付することが容易です。

3　登記原因を証する情報の作成者と記録内容

登記実務では、質権が実行され、質権者が信託受益権を取得した場合の登記原因を証する情報として、原則として、質権設定契約書、質権実行通知書（内容証明・配達証明付き）と併せて、旧受益者の証明書を必要とする取扱いがされています。これらの情報の提供ができない場合には、報告式の登記原因を証

する情報でも差し支えないとされていますが（注15）、この場合、報告式の登記原因を証する情報の作成者として、受託者のほかに、質権者、新旧受益者が加わることが想定されています（注16）。また、登記原因を証する情報で明らかにしなければならない事項としては、㋐流質特約付質権設定契約の成立、㋑債務不履行等による期限の利益喪失によって債権者が受益権を正当に取得又は処分したことなどの詳細な情報が求められているようです（注17）（注18）。

　このような登記実務の取扱いが可能となる背景には、資格者代理人が不動産ノンリコース・ローンの担保権の実行の決済に関与し、質権設定契約書の作成や受託者の承諾などを通じて、質権者、現受益者、受託者と調整や交渉をして、関係者との面識を有していることが大きいと考えられます。所有権の移転の登記などの物権変動を扱うことに慣れている登記官としても、現受益者を登記名義を失う所有権の譲渡人になぞることによって、形式的に不利益を受ける者を登記手続に関与させるという仕組みがなじみます。また、当該登記原因を証する情報に関係者の実印を押印させ、印鑑証明書の添付を求めるという取扱いも、資格者代理人の決済への関与が大きく影響しているものと思われます（注19）。

　印鑑証明書の問題はひとまず置くとして、照会者Ｌのケースでは、質権実行時点で債務不履行による期限の利益が喪失していることもあり、甲が登記申請への協力を渋り、登記原因を証する情報への押印に応じないおそれが高いにもかかわらず、これを必須としたならば、これに代わり受益債権者が乙であるこ

との確認訴訟を提起しなければならないなど、流質契約の簡易な私的実行の意味が失われることになってしまいます。前受益者甲の協力が得られない現状では、照会者Lは、現在の登記実務に従う限り、受益者の変更の登記をすることができないという結果になります（注20）。

　前記第9でも述べたように、著者は、新不動産登記法の下では、受託者のみの作成に係る登記原因を証する情報が認められるべきであると考えています。少なくとも受託者は、質権設定契約の当事者ではないので、質権実行の経緯につき客観的な立場であるといえます。仮に、受託者と乙が結託しているとすれば、もはや受益者甲との信頼関係は破綻しているのであり、信託契約の維持そのものが成り立たないことになってしまいます。質権の移転の登記の登記原因を証する情報に関する議論であれば、登記義務者作成の登記原因を証する情報を提供させ、物権変動を立証させる必要性は理解できるのですが、受益者の変更の登記の登記原因を証する情報については、その申請が単独申請であるにもかかわらず、別表に個別列挙されなかったことで、報告的な内容の登記原因を証する情報であれば、登記申請人である受託者がその作成者となり、登記の原因となる事実又は法律行為があったことを積極的に承認するというレベルまでの証明をすれば、最低限の目的を達すると考えられます。

　なお、本件の登記原因は、「年月日質権実行」が相当と考えます。

《注》

15 前掲注13・98頁では、「登記原因を証する情報（例えば、質権設定契約書及び質権実行通知書）を提供すれば足り、旧受益者の証明書及び印鑑証明書は不要と考えられる」とされる。この記述からも、質権設定契約書及び質権実行通知書などの提供は、例示にすぎない。

16 もっとも、前掲注13・97頁では、質権設定契約書及び質権実行通知書等の提供があれば、それが登記原因を証する情報に該当し、旧受益者の作成に係る証明書の添付が不要である旨の言及にとどまっている。つまり、旧受益者の作成に係る証明書が報告式の登記原因を証する情報に該当するか、あるいは、受託者の単独作成に係る報告式の登記原因を証する情報の可否については触れられていない。

　なお、田村剛史「不動産信託受益権質権の私的実行による受益者変更の登記」事業再生と債権管理130号47頁では、「現受益者の協力が得られる場合は、通常の受益権売買と同様、登記原因を証する情報に現受益者の押印を求め、受益者変更の登記を申請すれば足りる。したがって、以下の添付書面はあくまで登記申請の際に現受益者の協力が得られない場合に必要と考えられるものである」として、Aの協力が得られない場合の登記原因を証する情報の例示を試みている。同稿によれば、8か所の法務局で私的実行登記の受理事例があるようだが、Aが登記申請に関与しない事例が何件あったのかは定かではない。

17 田村・前掲注16・48頁によれば、「法務局がもっとも重視しているのは、「質権者が本当に質権の実行権限を有しているのか」という点である。不動産登記法上、質権者が信託目録の記載事項ではないため、法務局は、質権者と名乗る者が本当に質権者であり、かつ当該信託受益権を取得又は処分する権限を有しているのかという点を書面審査しなければならない。そのため法務局は、金銭消費貸借契約の成立から現在に至るまでの経緯を示すすべての書類の添付を要求する。これは、後日のトラブルを避けるためにも当然のことであり、私的実行に携わる質権者・弁護士・司法

書士等は、その要請に真摯に対応・協力すべきである」と記している。

18　田村・前掲注16・49頁では、「金銭消費貸借の期限の利益喪失事由は、債務者の破産、民事再生、返済期限の徒過などが挙げられる。期限の利益喪失事由が会社の破産手続開始や民事再生手続開始であれば、当該会社の登記事項証明書により客観的に証明可能であるが、返済期限の徒過の場合は、単に返済期限を徒過した事実のみでは足りないという、一部法務局の見解もある。そのため、催告をした内容証明郵便とその配達証明等の提出を求められることもある。これは、私的実行登記における質権者の負担となるところである」とも記述されている。著者は、関係者から私的実行に関する登記費用が割高であるという話を聞くが、それは、登録免許税以外の費用を指すものと理解している。仮に、決済時に私的実行の法律事実の確認をする必要があるとしても、それを法務局が要求しているからということであれば、その誤解を解きたいと考えている。

19　もっとも、佐藤亮「ノンリコースローンの回収実務（不動産信託受益権に係る質権実行について）（後編）」不動産証券化ジャーナル2号112頁によれば、「その法務局ではどうだったかと申しますと、まず、「①私的実行をしたことを証する書面」が必要です。先ほど申し上げました受益権の移転に関する覚書や、あるいはこれに代わる譲渡証明書が実行時に作成され、それから「②覚書あるいは譲渡証明書に捺印されている現受益者（SPC）の印鑑証明書」が必要です、とのことでした。つまり、私的実行といいつつ売買と同じ書類が必要です、というのがこの「A法務局」というふうにお書きしました法務局の取扱いです。そうするとどうなるかと申しますと、私的実行に現受益者、SPCの協力が必要になってくる訳です。つまり、後ほどご紹介申し上げますが、「ハンコ代」といった話がどうしてもつきまとってくる訳です」とされている。法務局の要求によりこのような取扱いがされているのであれば、残念に思う。

20　田村・前掲注16・47頁によれば、現受益者の協力が得られない

場合には、質権者、新受益者、受託者の３者の作成に係る報告式の登記原因を証する情報のほかに、被担保債権を証する書面、質権設定契約書・受託者の承諾書、現受益者の印鑑証明書・資格証明書、被担保債権の期限の利益喪失を証する書面等が必要となるとされている。

第**11** 根質権の実行に伴う受益者の変更の添付情報

問13 受益権を担保とする根質権が設定されています。今、根質権の私的実行により受益権を売却処分し、処分代金をもって被担保債権の弁済に充当するのですが、「年月日受益権根質権実行による移転」（→根質権実行）を原因として受益者の変更の登記をする場合の登記原因を証する情報として、受託者、新受益者、旧受益者、根質権者が押印したものを添付して差し支えないでしょうか。なお、登記原因を証する情報の内容の真正を担保するために、旧受益者は印鑑証明書を併せて添付する予定です。〔照会者M〕

記

登記原因を証する情報（受益者変更）

1 登記申請情報の要領

(1) 登記の目的 ３．受益者変更

(2) 原因 平成年月日根質権実行

(3) 当事者 受託者 何市何町何番地 A

譲受人 何市何町何番地 B

譲渡人 （根質権設定者） C

根質権者 何市何町何番地 D

(4) 信託登記 平成年月日受付第何号

2 登記の原因となる事実又は法律行為

(1) 甲（D）と乙（C）は、年月日金銭消費貸借基本契約（その後の修正、変更等を含む。）及び同契約に基づき締結された年月日金銭消費貸借個別契約並びにその他甲と乙との間の金銭消費貸借取引に基づき甲が現在又は将来有する一切の債権（以下「本件被担保債権」という。）を担保するため、年月日信託受益権根質権設定契約（以下「本根質権設定契約」という。）を締結し、本件不動産について乙が有する信託受益権に対し、受託者Ａの承諾を得て甲のために第一順位の根質権を設定した。

根質権の被担保債権の範囲　年月日金銭消費貸借個別契約　金銭消費貸借取引

なお、本根質権設定契約には、本契約締結後いつでも甲は乙に書面で通知して、被担保債権の元本を確定させることができる旨及び乙が本件被担保債権について期限を徒過し、又は期限の利益を喪失した場合には、甲は乙に事前に通知又は催告することなく、直ちに本件根質権を実行し、一般に適切と認められる時期、方法、価格等により信託受益権を評価して取得することができる旨の定めがある。

(2) 甲及び丙（Ａ）は、年月日包括信託契約を締結し、甲は受託者である丙に本件被担保債権及びこれに付帯する一切の権利等（本件根質権を含む。）を信託した。

(3) 丙は、甲と(2)の包括信託契約の規定に基づき、年月日債権譲渡契約を締結し、丙は、本件被担保債権及び

これに付帯する丙の一切の権利等（本件根質権を含む。）を甲に譲渡した。同日、債務者乙は、本件債権譲渡につき承諾をした。

⑷ 甲は、同日、乙に対し元本確定請求の通知を行った。

⑸ 乙は、本件被担保債権の期限である年月日を徒過した。

⑹ 甲は、年月日、本根質権設定契約に基づき本件根質権を実行し、乙が有する信託受益権をＢに売却処分した。

⑺ 年月日、丙はＢが信託受益権を取得することについて承諾した。

年　月　日　○○法務局　御中

上記の登記原因のとおり相違ありません。

受託者　　　何市何町何番地　　Ａ

譲受人　　　何市何町何番地　　Ｂ

譲渡人　　（根質権設定者）　　Ｃ

根質権者　　何市何町何番地　　Ｄ

不動産の表示及び信託目録の表示

（省略）

照会者Ｍによれば、登記手続上、問題ないと考えるとの意見

が付されていますが、照会の趣旨は、必ずしも明らかではありません。登記官に事前審査を求めている可能性もありますが、特段の問題点を見つけることはできませんでした。

第 3 章

受益者の変更と委託者の変更の登記

受益者及び委託者の氏名住所は、信託目録に記録される登記事項です（不動産登記法97条1項1号）。これらの変更の登記（同法103条1項）を申請する際には、これら登記事項が登記の目的を同一とするものであるかという問題があります（不動産登記規則35条9号）。

　近時、地位移転条項の定めるところにより、受益者の変更に伴い、委託者も当然に変更されることになり、この2つの登記を同一のものとして捉えたり、2つの登記が相互に関連性を有していて、登記申請手続の段階で何らかの制約があるのではないかとの疑問が生じることが多いようです。ここでは、受益者の変更と委託者の変更の登記に関するそのような照会事例を紹介します。

第 1 受益者の変更と委託者の変更の登記申請の先後

> **問1** いわゆる地位移転条項が登記されている場合において、受益権が譲渡されたときには、受益者及び委託者の変更の登記が必要なりますが、先に受益者の変更の登記を申請すべきでしょうか。先に委託者の変更の登記を申請しても差し支えないでしょうか。〔照会者Ａ〕

　信託目録の記録に、「受益者は、本受益権が譲渡された場合には、受益権譲受人をして、本信託契約に基づく委託者及び受益者の地位並びに権利及び義務を承継させる」とある場合において、受益権の譲渡がされたときは、先に受益者の変更の登記を申請し、その後に委託者の変更の登記を申請しなければならないのか、あるいは、先に委託者の変更の登記を申請し、その後に受益者の変更の登記を申請しても差し支えないのかという照会です。照会者Ａは、受益権の譲渡という法律行為によって、譲受人は㋐まず受益者としての地位を取得し、㋑その後に（あるいは地位取得に併せて）委託者としての地位を取得したのだから、登記の申請は、地位を取得した時系列に沿って㋐㋑の順に変更の登記を申請しなければならないと考えているようです。

　しかし、信託目録の記録に「委託者及び受益者の地位」と表現されるとおり、委託者と受益者の地位取得には法的な先後関

係はなく、受益権の譲渡という法律行為によって、受益者の地位の承継と委託者の地位の承継が同時に生じるものと解して差し支えないと思われます。また、受益者及び委託者の変更の登記は、いずれも信託目録に記録されたそれぞれの登記事項の変更の過程が順次、正確に公示されるべきものですから、委託者と受益者の変更原因を比較して、必ずしもその発生順に登記の申請をしなければならないというものではないと考えられます。受益者の変更の登記と委託者の変更の登記は、それぞれ別の登記であり、手続上も、同時（一括）申請や連続申請が義務付けられているものではありません。どちらか一方の変更の登記が先行して申請され、他方の登記が後れて申請されることもあり得るでしょう。この場合には、登記懈怠が問題となることはあっても、登記申請の順番そのものが問題になることはありません。このことは、先に受益者としての地位を取得し、その後に委託者としての地位を取得するような本事例とは異なる法律関係が存在している場合であっても同様の結論となると思われます。

　以上のことから、どちらの登記を先に申請しても特段の問題はないものと考えます。

第2 委託者及び受益者の住所変更の一括登記申請の可否

> **問2**　委託者兼受益者の住所が変更したので、信託の変更の登記を申請するのですが、登記原因が同一なので、1件で申請することができると考えますが、いかがでしょうか。〔照会者B、C、D〕

　登記の申請は、原則として、登記の目的及び登記原因に応じてしなければなりません（不動産登記令4条本文）。照会者Bは、委託者及び受益者の住所の変更の登記が、いずれも、受託者の単独申請による信託の変更の登記（不動産登記法103条1項）であり、かつ、委託者の変更も受託者の変更も、いずれも「住所変更」という登記の目的が同じであり、かつ、その日付が同じであることから、登記の目的「委託者及び受益者の住所変更」の「委託者及び受益者」を「登記名義人」と解して、不動産登記規則35条8号の規定に基づき一括申請をしたいと考えています。

　一の申請情報によって申請することができる場合として、不動産登記規則35条8号は、「同一の登記所の管轄区域内にある一又は二以上の不動産について申請する二以上の登記が、いずれも同一登記名義人の氏名若しくは名称又は住所についての変更の登記又は更正の登記であるとき」とされています。照会者は、本事案を本号の「登記名義人」に該当するものと解釈して

いるのですが、信託の登記名義人は、受託者であって、信託目録に記録された委託者及び受益者の氏名及び住所は、単なる登記事項の1つにすぎず、委託者及び受益者を登記名義人と解することはできません。したがって、信託目録に記録された委託者及び受益者の住所の変更の登記は、飽くまでも「信託の変更の登記」であり、「登記名義人住所変更の登記」にはなりません。

それでも一括申請が認められるべきだとする照会者Cは、「委託者及び受益者」は、「登記名義人」ではないものの、「住所変更」の部分にのみ着目すれば、「委託者及び受益者の住所変更」が「登記名義人住所変更」に酷似するものとして、不動産登記規則35条8号が類推適用されるべきだとの意見を付しています。また、照会者Dも一括申請が認められるべきとの立場から、酷似の理由を旧不動産登記法下の信託原簿の取扱いに求めます。それによれば、旧不動産登記法下の信託原簿の記載事項の変更手続では、委託者については、主体が変更することは想定されておらず、住所変更や氏名変更のみが許されていたことから、「委託者の変更」＝「実質的な登記名義人表示変更」であるとの意見を付しています。しかしながら、旧不動産登記法下の登記実務を取り上げたところで、それは旧法の取扱い事例にすぎず、現行の不動産登記法103条を解釈する基準とはならないと思われますし、受益者については、旧不動産登記法下でも主体の変更は許されていたのであって、照会者Cの見解には、旧法下における委託者と受益者の変更の登記の性質に、決定的な解釈上の差異があったという事実認識が抜け落ちていま

す。現行の不動産登記法では、委託者と受益者の双方につい
て、住所変更や氏名変更のみならず、主体の変更も許されてい
ることから、不動産登記法103条に規定されている「信託の変
更の登記」は、「登記名義人住所変更」と同義ではないことは
明らかです。

　なお、照会者Dは更に、１個の不動産につき同一の権利者の
ためにされた数個の抵当権及び根抵当権の設定登記を抹消する
場合において、抹消の原因及びその日付が同一であれば、同一
の申請書で抹消の登記を申請することができる登記実例（【質
疑応答】（6391）登記研究434号146頁）を理由に、本問の一括申
請も認められるとの意見を付していますが、登記実例において
認められているのは、不動産登記規則35条９号又は10号の「登
記の目的」の解釈につき、「根抵当権」を「抵当権」の中に包
含し、広義の「抵当権」であるとして、「登記の目的」が同一
であるとの解釈がされたものと思われます（登録免許税法12条
なども同様）。本事例は、「委託者の住所変更」と「受益者の住
所変更」に関するものであり、「抵当権」と「根抵当権」との
関係を比較して、登記の目的が同一であると解することには、
無理があると考えられます。

第 4 章

信託目録（ほかの章で扱うものを除く）

第 **1** 問題の所在

> **問1** 不動産等管理処分自己信託契約設定公正証書に基づ
> いて、信託の登記の申請をしたいのですが、信託目録に
> 記録すべき「その他の信託の条項」（不動産登記法97条1
> 項11号）には、具体的にどのような事項を記録すべきで
> しょうか。あるいは、公正証書の記載事項の全てを記録
> して、登記することも差し支えないでしょうか。〔照会
> 者A〕

　信託契約書に記載された契約条項の全てが、不動産登記法97
条1項11号の「その他の信託の条項」に該当するのかという問
題があります。

　仮にその全てが「その他の信託の条項」に該当するとした場
合、登記申請人は、その全てを登記事項として申請しなければ
ならないのか、あるいは、登記申請人は、その中から任意に登
記事項を選定することができるのかという問題もあります。

　この問題について、多くの登記官は、登記申請人が任意に該
当すると考える内容を申請して差し支えないと回答するかも知
れません。そこには、その他の信託の条項に該当するかどうか
の判断は登記官の権限外であり、登記申請を却下することがで
きない、という発想があるのでしょう。この考え方は、信託原
簿の記載が登記事項とみなされていた旧不動産登記法下におい

ては、一定の支持が得られたかも知れませんが、現行不動産登記法では、登記事項が信託目録に記録されることが明示されたことから、登記官の審査を前提とする登記制度の性質上、その全てが「その他の信託の条項」に該当するとの解釈は、採り得ないと考えられます。例えば、信託法に定められている規定と同一の内容が確認的に契約書等に記載されている場合、これを重ねて登記する必要はないでしょうし、公序良俗や違法性のある登記事項、相互に矛盾する規定などをそのまま登記することは問題でしょう。また、登記が公簿であることから、登記事項は簡潔かつ明確に記録されるべきであり、1度登記されることによって、登記の真実性の推定や連続性などの効果が生じるなど、他の登記がされた場合と同様に考えられます。信託目録の記録中に不明確な内容があったり、無意味な内容が登記されているとしたら、登記制度そのものの信頼を損なうことになり、やはり、「その他の信託の条項」には、何らかの公示のルールが存在すべきと考えます。

　もっとも、これまで、「その他の信託の条項」の範囲は、必ずしも明らかにされてきませんでした。特に、信託原簿の時代は、当事者が作成したものがそのまま原簿として公示され、過去の不動産登記法の解説書等を見ても、この範囲を探求したものは皆無であったと記憶しています。しかし、これまで資格者代理人と登記官が抱く「何らかの公示のルール」の認識は、おおむね一致しており、その結果、申請された内容は、登記官が内心に抱いていたものと大きく異なるものではなかったと思います。

しかし、信託法が施行され、信託の実体的な規律がより難解になり、さらに、商事信託に加え、民事信託のニーズが爆発的に増える中で、信託目録への記録をあえて不明確かつ不明瞭にするテクニックが称賛されるようになると、これはもう登記制度の危機であって、これまでのような阿吽の呼吸では、適正な信託の登記の実務運用の維持が難しくなっています。著者は、どこかのタイミングで、「何らかの公示のルール」を改めて見直し、これを理論構成する必要があると感じています。

　そして、この「信託目録」の問題は、不動産登記制度における信託の登記の最も謎の部分であり、残されたパンドラの箱なのかも知れません。

第2 信託目録の歴史的経緯

　信託目録の起源は、1922年に立案された信託法案の中に信託登記制度が設けられ、当該信託登記を申請する際に信託証書を添付することが予定されていたことにあります。当初の信託登記制度は、当該信託証書が登記簿とみなされ、当該記載が登記とみなされるというものでした。この時点で、信託登記制度は、不動産登記制度とは別の制度として設計されていたのですが、その後、信託登記の部分が信託法案から不動産登記法改正法案に移行されたようです。これは、日本に信託制度を輸入するに当たり、当初、不動産登記制度の中で信託を公示することは不可能と考えられていたところ、その後、不動産登記制度と信託制度が調和共存を図る形で妥協し合ったことになります。その結果、信託の公示方法は、信託証書（契約書）のファイリングというフランス法的な登録制度（フランスでは、人的編成主義が採られており、登記官の審査及び登記簿への記録が存在せず、当事者の作成した証書がそのまま公示されていた）によるのではなく、登記官の審査に基づく登記というドイツ法的な登記制度（日独の登記制度は、登記官の審査を介して、登記官の責任で登記記録に記録される制度である）が選ばれたことになります。この過程で、信託証書の名称が信託原簿へと変更されるのですが、ここで、当初の信託証書（契約書）が契約内容の全部の公示を意図したものであったように、信託原簿もまた契約内容の全部の公示を意図したものであったのかという点が問題になりま

す。

　この問題については、旧不動産登記法の立案者が信託原簿を信託証書（契約書）とは別のものとして考え、あえて要件となる記載事項を限定列挙する方式を採ったことからすると、著者は、一般の登記事件と同様に、登記官が申請内容を審査して、登記事項の適否及び内容の適正を判断し、信託の登記の受否を決するとする制度設計がされたと考えています。つまり、登記記録となるからには、無制限な公示は許されず、そこには簡潔性や明確性が求められていたと考えます。また、物的編成主義の下では、登記の連続性が重んじられ、他の登記事項との整合性が必要とされるのです。したがって、今日において、登記官が「信託原簿＝信託証書（契約書）」という考え方に立つことは許されず、無審査で信託原簿をファイリングする発想は認められないと考えます。

　もっとも、大正11年不動産登記法中改正法律の信託原簿の内容は、規定上、「委託者」「受益者」「信託管理人」「信託の目的」「信託財産の管理方法」「信託の終了」「その他の信託条項」とされており、一見記載事項が制限されているように思われます。また、「その他の信託条項」は、いわゆる包括条項（バスケットクローズ規定）になっており、解釈次第では、信託証書（契約書）の内容の全部を包括することも可能となり、信託原簿＝信託証書（契約書）と解することにより、登記官は無審査でファイリングだけすれば良いとの発想も理解できます。

　逆説的な言い方ですが、我が国の不動産登記制度の中で信託の登記が機能するためには、公示の適正の観点から、信託の登

記とそれ以外の登記との審査基準を合致させ、登記官による審査が及ばない死角を極力少なくすることが重要だと思います。このことは、詐害信託や信託の濫用防止の責務を登記官が担うことにも通じるかと思います。そのためにも、「その他の信託の条項」には、合理的な一定の解釈基準が必要と思われるのですが、残念なことに、制度創設時の信託は、「未知の挑戦者」であり、当初、信託制度が日本にどれだけ根付くかも予想できず、解釈基準を設ける作業は、信託が社会に定着した後の世に託されたのではないかと思っています。

　その後の不動産登記法の改正により、信託原簿は、現在、信託目録となり、その法的性質も変化しました。信託目録の登記事項は、信託法の施行に伴う新たな制度の創設に合わせて追加された新たな登記事項のほかは、1922年当時と大きな変更はなく、「その他の信託の条項」も当時のままとなっています。

第 **3** 信託目録の役割

1 後続の登記との関係

　信託の登記がされた後、受託者が当該信託財産の処分に係る登記の申請をする場合には、処分行為をすべき権限が信託目録に記録されている必要があるでしょうか。この点については、現在の登記実務では、信託行為中に受託者の権限として明確に定められる必要があると考えるのが一般的です。信託条項に反する登記の申請は、受理されない（昭43・4・12民事甲第664号民事局長回答）とする先例があるように、登記官としては、かかる登記が信託目的等に違反するものでないことを審査した上で後続の登記の申請の受否を決することになります。

　つまり、登記事項として一たび登記された信託目録の内容は、後続の登記の申請を形式的に審査する際の基準となるので、信託目録の内容と整合しない登記の申請は、受理されないこととなります。このことは、信託目録の記録事項全般にいえることで、例えば、信託行為において定めた事由が生じた（信託法163条1項9号）として信託の終了の登記を申請しようとしても、当該特約が信託目録中に「信託の終了事由」として登記されていないときは、当該特約の存在は登記官との関係において認められないこととなります。この場合、登記申請人は、信託の終了の登記の申請に先立ち、信託目録中の「信託の終了事

由」に、当該特約の事項を加える必要が生じることになります。

　信託目録の記録事項の多くは、現状、申請人が任意に取捨選定して登記の申請に至っていることが多いのですが、その結果、後続の登記が認められないこととなる事態も想定されることから、信託の登記時にあらかじめ信託契約のどの事項を信託目録に登記しておく必要があるかを予想しておかなければなりません。

　著者は、この要請自体が、信託登記制度が不動産登記制度の中で機能していることの1つの現れであると考えているのですが、登記実務の現状は、膨大な信託行為の内容が闇雲に登記されている傾向があります。そして、信託業実務からすれば、必ずしも歓迎すべきことではないようです。例えば、2005年8月31日（現行は一般社団法人）全国銀行協会から法務省宛ての「「信託法改正要綱試案」に対する全銀協意見書について」の中で、「信託である旨の公示の必要性は認める一方、現行の信託目録の内容については、大幅な削除が可能ではないかと考える」との意見が提出されるなど、信託目録の機能縮小や廃止論争があることも事実です。著者は、この問題の本質が信託目録の制度にあるのではなく、信託行為の内容が無秩序に登記されてしまう登記実務の現状にあるのではないかと考えています。

2　信託目録の効力の縮減

　信託法の施行に伴い、旧信託法31条の受益者取消権に相当す

る規定がなくなり、信託の登記の実体的効力が縮減したといわれています。すなわち、旧信託法下では、信託の登記がされることによって、受託者の取引相手の悪意重過失が擬制されていたことから、取引相手は、当該取引が信託の本旨に沿うものであることを信託の登記の内容から判断する必要があったのですが、信託法27条ではその趣旨が削除され、登記の有無とは無関係なものになったことをもって信託目録の役割も縮小したと受け止められています。確かに、現行の信託法（14条、23条、34条1項、31条）では、登記することによって信託財産であることが公示されれば足りるのであって、これを単純に解釈すれば、登記の役割は、信託財産に属した旨の登記及び信託当事者を登記するだけで十分であり、信託の細かい内容は登記されなくてもかまわないという信託目録不要論にたどり着くことになります。

　一方、不動産登記法には、信託の登記事項が詳細に定められていますが、その登記事項の中には、対抗要件として必要とされる登記には当たらないものが多く含まれています。これらの登記事項は、対抗要件としての登記ではなく、登記制度という公示の要請によって求められる登記であると考えられます。

　前記1でも述べましたが、特に、信託登記がされた後の後続の登記の申請の受否について、登記官に信託目録の記録内容との整合が求められている点は重要といえます。これが登記の推定力や形式的確定力とあいまって、登記制度の信頼性の基礎となる連続性の確保に役立っているからです。

第4 登記官の審査基準

　不動産登記法97条には、信託目録の記録事項として、①委託者、受託者及び受益者（1号）、②受益者の指定に関する条件又は受益者を定める方法の定め（2号）、③信託管理人（3号）、④受益者代理人（4号）、⑤受益証券発行信託（5号）、⑥受益者の定めのない信託（6号）、⑦公益信託（7号）、⑧信託の目的（8号）、⑨信託財産の管理方法（9号）、⑩信託の終了の事由（10号）、⑪その他の信託条項（11号）が定められています。信託目録そのものは登記官が作成するものですが、信託目録に記録すべき情報は申請人によって作成され、登記申請時に提供されるものであり、登記官の審査の対象となると解されます。よって、登記事項と認められないもの（不動産登記法25条2号）や、登記されるべき事項が申請情報の内容とされていないもの（同条5号・8号）が提供されれば、却下されるべきと解されます（注1）。しかし、既述したように、これまで信託目録の登記事項の範囲を明確にして、整序する作業が十分されていなかったこともあり、登記制度の根幹ともいえる不必要な登記事項の排除という作業が、登記官においておろそかにされてしまっている現状があります。

1 信託目録を概観するだけで判明する登記事項

　信託法の要請に基づく「信託財産であることの公示」として

最低限、必要とされる登記事項としては、「委託者、受託者及び受益者（1号）」「信託の目的（8号）」が考えられます。これらの事項は、信託の要素であり、多様な信託実体の中において、これらを欠く信託契約は原則として想定されないことから、登記官が信託の登記を受理するに際しての最低限の審査項目といえます。また、受益者の定めがない場合には、受益者の氏名住所に代えて、「受益者代理人（4号）」「受益者の定めのない信託（6号）」が記録される必要があります。また、信託の目的（8号）の記録内容及び受益者等（1号）の記録内容によっては、公益信託であることが明らかになるので、公益信託である旨（7号）も記録される必要があります。

これらの事項は、「委託者、受託者及び受益者（1号）」「信託の目的（8号）」との形式的な整合性が求められる事項といえます。これらの事項の欠如は、登記官が信託目録を概観するだけで確認することができます。

2　登記原因を証する情報から判明する登記事項

次に、「受益者の指定に関する条件又は受益者を定める方法の定め（2号）」「信託管理人（3号）」「受益者代理人（4号）」「受益証券発行信託（5号）」「受益者の定めのない信託（6号）」「公益信託（7号）」「信託財産の管理方法（9号）」「信託の終了の事由（10号）」「その他の信託条項（11号）」に関する事項は、前記1のように登記官が信託目録を一見しただけでは信託目録に記録されるべき登記事項であるかを判断することは難しいと

思われます。前記1では、受益者の定めがない場合には、必然的に受益者の氏名住所に代え「受益者代理人（4号）」「受益者の定めのない信託（6号）」が登記事項になると述べましたが、実際には、申請人が単に受益者の氏名住所の記録を遺漏しただけである場合も想定されることから、「受益者代理人（4号）」「受益者の定めのない信託（6号）」が登記事項になるためには、やはり、登記原因を証する情報との照合が必要となります。

　これらの情報が登記原因を証する情報に記録されている場合、これらの情報は登記事項として登記されることが必須でしょうか。換言すれば、申請人は登記事項として申請するか否かを自由に選択をすることができるのか、登記官は、登記原因を証する情報に記録された登記事項が登記申請情報に記録されていないことを理由に、当該登記の申請を却下することができるのでしょうか。この問題について著者は、登記が必須とされる登記事項と申請人が任意に選択することができる登記事項があると考えています。

3　その他登記が必須とされる登記事項

　その他登記が必須となる登記事項には、どのようなものがあるのでしょうか。前記1及び2からすると、受益者の氏名住所に代わる登記事項とされているものについては、これらの登記がされないと、登記記録上の矛盾が生じるおそれがあることから、登記官としては、登記記録の形式的な整合を維持するという登記制度上の理由から、登記の申請を求めることとなり、こ

れが拒否された場合には、当該登記の申請を却下しなければならないと考えられます。

⑴ 受益者の指定に関する条件又は受益者を定める方法の定め（2号）

信託設定時に受益者が特定されない場合や常時受益者が変動することが予定されている場合に、信託行為において特定の受益者を定める代わりに、受益者として指定されるべき者の条件又は指定の方法を定めたときの、その条件又は方法の定めが登記事項とされています。これは、受益者の氏名住所を登記することに代わるものであり（不動産登記法97条2項）、登記原因を証する情報から受益者の指定に関する条件又は受益者を定める方法の定めの存在が明らかとなった場合には、当該登記をしなければならないと考えられます。

⑵ 信託管理人（3号）

信託行為において受益者が現存しない場合に信託管理人となるべき者を指定する定めを設けることができます（信託法123条1項）。信託目録に登記されるのは、信託管理人の氏名住所であって、信託行為によって定められた信託管理人を設けることができる特約ではありません。信託管理人は、利害関係人の申立てにより裁判所に選任されることもあります（同条4項）。信託管理人が登記された場合には、受益者の氏名住所の登記が不要となる（不動産登記法97条2項）ことから、信託管理人が選任されていることが登記原因を証する情報から明らかとなっ

た場合には、信託管理人を登記しなければならないと考えられます。

(3) 受益者代理人（4号）

信託行為において、その代理する受益者を定めて受益者代理人となるべき者を指定する定めを設けることができます（信託法138条1項）。信託目録に登記されるのは、受益者代理人の氏名住所であって、信託行為によって定められた受益者代理人を設けることができる特約ではありません。受益者代理人が登記された場合には、一定の例外を除き、受益者の氏名住所の登記が不要となる（不動産登記法97条2項）ことから、受益者代理人が選任されていることが登記原因を証する情報から明らかとなった場合には、受益者代理人を登記しなければならないと考えられます。

(4) 受益証券発行信託（5号）

信託行為において、受益証券を発行する旨を定めることができます（信託法185条1項）。受益証券発行信託である場合には、その旨が登記事項とされています。この登記がされた場合には、原則として受益者の氏名住所を登記する必要はない（不動産登記法97条2項）とされていることから、不動産登記法上の要請、すなわち、受益者の氏名住所が登記されないことの理由として求められている登記事項であり、受益証券発行信託である旨が登記原因を証する情報の記録から明らかとなった場合には、受益証券発行信託である旨を登記しなければならないと考

えられます。

⑸ 受益者の定めのない信託（6号）

いわゆる目的信託（信託法258条以下）である場合には、その
旨が登記事項とされています。この登記がされた場合には、受
益者の氏名住所を登記する必要はない（不動産登記法97条2項）
とされていることから、やはり、不動産登記法上の要請、すな
わち、受益者の氏名住所が登記されないことの理由として求め
られている登記事項と解されます。よって、目的信託であるこ
とが登記原因を証する情報の記録から明らかとなった場合に
は、この登記をしなければならないと考えられます。

4　登記が任意となる登記事項

著者は、信託目録の記録事項中、「信託の終了の事由（10号）」
「信託財産の管理方法（9号）」「その他の信託条項（11号）」に
関する事項については、これらの情報が登記原因を証する情報
に記録されていたとしても、信託目録に記録しないことが認め
られるものと考えています。もっとも、登記をしなかったこと
についての不利益、特に、信託目録との整合が取れないことを
理由に後続の登記の申請が却下されるリスクは、申請人自身が
負うという前提に立つものです。

これら登記事項に共通しているのは、信託契約等によって約
定された場合に、その特約が登記事項とされているものであ
り、申請人側から見た場合には、特約の存在を積極的に登記す

るかどうかについて、様々な考え方があると思われます。特に、民事信託などでは、当事者間の契約内容を白日の下にさらしたくないということもあり、「本当は登記をしたくない」という心理が不明瞭かつ無意味な公示を誘発する要因になっているのであれば、あえて登記しないという選択も認められるのではないかと考えています。以下、関連する照会事例を紹介します。

⑴ 信託目録の記録事項の遺漏更正

　上記の登記事項は、後日、後続の登記を申請する必要が生じた場合に登記の遺漏更正をすることによって、後続の登記の申請却下リスクを回避することができます。例えば、「その他の信託条項」として甲乙丙がある場合に、甲のみ登記をして、後日、乙丙の登記をする必要が生じた場合には、信託目録の更正が許されるものと解されます。

　なお、一旦信託目録に記録されると、その後、規定の変更や廃止がされた場合には、変更の登記を申請する必要が生じる（不動産登記法103条）ので、注意が必要です。

> 問2　信託契約書に信託の終了事由として「1．信託目的に反しないことが明らかである場合で、受託者及び受益者が合意したとき」と記載されているにもかかわらず、信託目録には、「1．受託者及び受益者が合意したとき」と記録され、「信託目的に反しないことが明らかである場合で、」の文言が遺漏している場合に、これを更正す

　本問は、信託行為で定められた信託の終了事由の文言の一部が当初の信託目録に遺漏している場合にこれを是正することが可能であるかを問うものです。信託の終了事由は登記事項とされており（不動産登記法97条1項10号）、信託法163条9号に規定する「信託行為において定めた事由」に該当するものです。

　信託がどのような事由によって終了することになるかは、当初の段階では予想することはできませんが、信託行為において定めた事由（特約）により信託が終了し、そのことを登記するためには、あらかじめ当該特約が存在することを信託目録上に明らかにしておく必要があります。

　遺漏に至った経緯は判然としませんが、登記申請当初、錯誤により遺漏した場合や、登記申請当初は、合理的な文言解釈の範囲内であると考えたものの、後日、省略したこの部分が重要な要件であったと翻意した場合などが考えられます。いずれの場合であっても、錯誤遺漏の要件を満たすものであり、登記の更正が認められるものと考えられます。

　信託目録の記載事項の更正は、登記事項の更正なので、更正を証する情報を提供する必要があります（不動産登記令別表25・イ）。具体的な添付情報の適否の判断は、登記官に委ねられることになりますが、信託目録の記載事項の変更に準じて提供すれば足り、登記申請人である受託者の作成に係る報告的な登記原因を証する情報で十分と考えます。

　申請情報に更正後の登記事項を具体的にどのように記録すべきかという照会がされることも多いのですが、①更正を要する部分のみを明示する方法、②更正の対象とされない条項も含めた更正後の登記事項全体を明示する方法などが考えられます。これらは、一長一短であり、具体的な登記事項のボリュームなども勘案して、より明瞭で分かりやすい公示を心掛けていただきたいと考えます。

⑵　登記官による具体的な補正指示

　登記官から見た場合、仮に登記官が申請人の意に反してまで、信託契約（あるいは登記原因を証する情報）の条項の中から、「信託財産の管理方法（9号）」と「その他の信託条項（11号）」に関する事項の範囲を明確に選定し、これを全て登記事項として信託目録に簡潔に記録するよう具体的な補正指示を発しなければならないとすれば、このような実務運用はおよそ不可能と考えます。なぜなら、信託証書や契約書そのものが登記原因を証する情報として提供されるとは限らず、登記官が審査の場面において、信託証書（契約書）と信託目録の申請事項を直接対比する機会が担保されているわけではないからです。不動産登記制度の構造上、信託目録の登記事項は、登記申請人が信託契約・信託目録の記録の中から抽出・要約した結果であって、登記官が信託契約・信託目録の記録の中から自ら必須事項を抽出・要約することは想定されず、登記官がそれを登記原因を証する情報を介して限定的に審査するという枠組みになります。資格者代理人からの照会の多くは、この信託目録の抽出・要約

に関するものです。

> **問3** 信託目録に記録すべき「その他の信託の条項」（不
> 動産登記法97条1項11号）は、契約書等に記載された文言
> をそのまま記録しなければならないのでしょうか。〔照
> 会者C〕

照会者Cは、その他の信託の条項として契約書等の一部事項
を抜粋して登記を申請しようとしたところ、信託契約書中に用
いられている用語や表現をアレンジしたいと考えたようです。

信託目録に記録すべき事項を登記するには、登記申請人にお
いて登記の申請の時点で、信託契約の中から必要とされる情報
を選定したり、抽出しなければなりません。その際に、例えば
信託目的などは、契約書等に記載された目的自体をそのまま登
記すると、長文になって、かえって分かりにくくなってしまう
こともあります。また、登記する必要のない不要な文言を削除
する必要が生じることがあります。例えば、契約書等の内容と
その他の信託の条項の各規定の配列が変化したことなどの事情
により、意味不明になってしまうこともあります。登記自体が
完結した公示であることから、このような場合には、簡潔性や
明確性を考慮して、余剰な情報を排除して、必要かつ簡潔な骨
子情報のみにアレンジすることが必要になります。

照会者の具体的な照会内容は明らかではありませんが、契約
書等の条項の趣旨を逸脱しない範囲でのアレンジは、当然に必
要とされるものと考えます。近時、信託契約の内容を延々と信

託目録に転記する傾向にありますが、その要因として、信託目録に記録すべき情報が体系的に整理されておらず、公示のルールが存在していないことが考えられます。

《注》

1　能見善久『現代信託法』（有斐閣、2004年）28頁によれば、新不動産登記法が施行され、信託目録に記録される信託内容に関する情報が本来的な信託登記の登記事項とされたことによって、それに反するものに対する却下事項として明確化されたとされる。

第5 信託目録に記録すべきでない事項

　前記第4の4では、登記事項の任意性の問題について述べましたが、ここでは、それを前提として、申請人が選択した登記事項が登記官の具体的な審査の対象となるべきかという問題について考えます。登記官において、「信託財産の管理方法（9号）」と「その他の信託の条項（11号）」に関する事項の範囲を明確に選定することは困難ですが、本来、申請人が自由に登記事項を創設して、これを登記官が無審査で登記を了することなどあり得ません。信託目録に受託者の権限及び制約が公示されることの重要性に鑑みれば、一定の価値基準の下で、登記事項が整理される必要があると思います。ここでは、信託目録に記録すべきでない事項を検討することにより真に必要な登記事項を見つけ出すというアプローチをしたいと思います。

1 公序良俗又は法令に違反する事項

　信託目録の記録が登記事項として公開されるものである以上、公序良俗に反する内容や強行法規に違反する事項を容認することは許されるものではないと思われます。登記官には、最低限の義務として、これらの事項を審査すべき職責があると考えられることから、違法な規定と認識されたり、公序や良俗に違反する規定と判断された場合、登記官は、当該登記の申請を却下することになると考えます。この中には相互に矛盾する規

定なども含まれるものと思われますが、これは、登記官の審査を前提とする登記制度を利用するための最低限のルールであって、これらが担保されて、登記の連続性の要請や、形式的確定力などの登記の効力の問題や信頼性につながっていくのだと思われます。

　会社法人を受託者とする信託の登記が申請された場合において、当該法人が法令に基づく免許又は許可を受けていないときに、当該登記の申請が受理されるかという問題があります。この場合、信託業法による営業信託への行政規制は、信託の実体的な成立自体を否定するものではないので、登記制度の本旨に従えば、登記申請を却下することは相当ではないと思われます。

2　公示したことにならない事項

問４　信託契約書に「その他の信託条項については、2017年４月20日付け金銭・不動産管理処分信託契約証書及びこれに付随する変更契約書記載のとおり」と記載されているものの、これを登記することを遺漏した場合には、信託目録の「その他の信託の条項」として、「その他の信託条項については、2017年４月20日付け金銭・不動産管理処分信託契約証書及びこれに付随する変更契約書記載のとおり」を追記する登記の更正は認められるでしょ

　登記申請当初に錯誤により遺漏したり、登記申請当初は登記不要と判断したりしたものの、後日、登記が必要であるとの判断に至った場合が考えられます。照会者Ｄとしては、いずれの場合であっても、契約条項そのものを変更したわけでなく、信託目録に所要の記録がされていないという錯誤遺漏の問題なので、登記の更正が認められると考えたと思われます。

　登記の更正以前の問題になるのですが、その他の信託の条項として、「2017年4月20日付け金銭・不動産管理処分信託契約証書及びこれに付随する変更契約書記載のとおり」と登記された場合、第三者は、登記記録を見ただけでは信託の条項の具体的な内容が分からず、その内容を知るためには、別途、契約当事者から当該契約書を入手するなどしなければならないことになります。

　しかし、　般に、当事者が第三者の求めに応じ、契約書等の内容を公開することは期待できません。観念的な第三者の中には、公益の代表としての登記官も含まれており、この問題は、後続の登記と登記官の審査との関係でも決定的な欠陥を露呈します。例えば、当該契約書等に定められた特約に基づいて、後続の登記が申請された場合、信託目録に具体的な当該特約が記録されていないことから、登記官の審査との関係において特約は存在しないことになってしまいます。照会者Ｄは、後続の登記の申請時に登記原因を証する情報として当該契約書等を提供すれば足りると考えているようですが、このような取扱いは、

信託目録の否定だけでなく、信託登記の公示制度の役割そのものを否定することになってしまいます。したがって、「2017年4月20日付け金銭・不動産管理処分信託契約証書及びこれに付随する変更契約書記載のとおり」と登記することは認められないものと考えます。

既に本問のような登記されている場合には、後続の登記の申請に先立ち、具体的な条項が記録された信託目録に更正する必要があると考えます。そのような二重の手間を掛けるまでもなく、登記が公示としての役割を果たすためには、信託目録に契約書の内容が簡潔かつ明確に登記記録に公示される必要があることを理解する必要があります。

もっとも、近時、特に民事信託の登記において、このような不明瞭な登記事項を推奨する傾向があります。不動産に遺言制度の代用として民事信託を設定しようとすると、我が国ではこれまで秘匿性を保ち行われてきた公正証書遺言などの内容が、信託目録の公開という形で白日の下にさらされることになります（注2）。このようなリスク説明を十分に行わないまま、民事信託のメリットだけを強調して、信託の登記の利用を推奨すると、不動産が相続予定財産から分離して信託財産になったことが公示されることによって、関係者に紛争が生じる危険性が高まります。そして、これを回避するために、なるべく信託の内容を関係者に明らかにしたくないとすると、トラブルになりそうなことはあえて第三者に知らせたくないと考えます。その結果、例えば、信託目録に記録すべき事項を「年月日○○作成に係る公正証書第何条のとおり」と申請すれば、形式的な意味

では、登記事項としての文言は埋められるものの、実質的には第三者は信託の具体的な内容が分かりません。これは、信託当事者からすれば都合の良い登記であり、工夫された登記として評価されるかも知れませんが、依頼者主義を優先するあまり、第三者への公示という登記制度の本質を見誤った不当な登記であるということを考えていただきたいと思います。

3 法令に定められている事項（重複情報）

信託の終了事由は、信託法163条1号ないし8号に法定終了事由が列挙されていますが、9号では、信託の終了事由を信託行為において定めることができることとされています。信託目録に「信託の終了の事由」が記録される趣旨は、この信託契約等によって約定される信託の終了事由を記録することにあると考えます。

実務上、契約中に法定終了事由が確認的に定められている場合がありますが、約定事由と併せて法定事由も登記すべきかという問題があります。著者は、これまで、拙著（注3）の中で、「これらも含めて登記することができるものと考える」としていましたが、最近、信託目録の登記事項としての役割は、信託目録の明瞭化・簡素化の方向に向かうべきと考えており、法定終了事由は、信託法に規定されている周知の事項であることから、殊更、「信託の終了の事由（10号）」として登記をする必要性はないと考えています。

4　信託法上の公示、不動産登記法上の手続効果と結び付かない事項（過剰情報）

　これまで、信託目録の記録事項は、登記事項であり、登記官の審査が必要である旨を述べてきましたが、その必要性を大別すると、①信託法の要請に基づく「信託財産であることの公示」としての登記事項と、②不動産登記法上の手続的な要請に基づく「登記の連続性の維持のための公示」としての登記事項を明確に登記するということに尽きます。前掲の全銀協意見書では、「例えば、不動産受益権者の住所氏名の登記など、法的効果や公示の要請が低いものを登記対象外にするといった、合理化を図るべきと考える」とされており、信託目録の登記事項の見直しの必要性が示唆されていますが、登記事項としての前記の2点の必要性が説明できるものであれば、信託目録の形骸化に歯止めが掛かると思われます。

　そのような中にあって、「信託財産の管理方法（9号）」と「その他の信託の条項（11号）」として登記されるものの中には、その法的効果や公示の要請の観点から疑問となる条項が多々あるのではないでしょうか。信託法その他の法令で定められている規定を確認的に明文化したものや、売買代金の支払方法、瑕疵担保責任、公租公課、受益権及び受益権売買に関する定めなど、登記をもって公示することに何の意味があるのか理解に苦しむものがあります。また、用語の定義や信託不動産目録などが、当然のように登記されています。問題は、信託法上の公

示、不動産登記法上の手続効果と結び付かない事項を過剰情報として、登記官がこれを審査の過程で排除することができるかということです。残念ながら、何が過剰情報であり、何が必要な情報であるかを整理するためには、不動産登記制度と信託登記実務を熟知する必要があり、体系的な理論構築が求められるだけに、個々の登記官が安易に結論を出すことは、難しいように思われます。

　ここでは、「信託財産の管理方法（9号）」と「その他の信託の条項（11号）」について、過剰情報と思われる条項の一例を紹介します。これらについては、多数の登記受理事例があるようです。

ア　信託当事者による受益権譲渡と信託条項の合意
　　当事者が、契約締結とともに受益権が移転されることを前提として信託契約を締結することを合意した旨である。

イ　信託の引受けと所有権の移転の合意
　　当事者が信託の引受けと信託財産を移転した旨である。

ウ　登記義務
　　当事者が信託設定後に遅滞なく所有権の移転及び信託の登記を行う旨の合意である。

エ　信託当事者間における免責規定
　　受託者が、受益者及び委託者に対して、信託財産に生じた損害の賠償責任を免除される旨である。

オ　受託者の金銭管理の方法
　　不動産信託に付随する信託財産たる金銭を受託者がどのように管理すべきかを規定したものである。

5 その他

(1) 信託目録の共同不動産目録化

> **問5** 信託契約書中に、「信託不動産目録　本件信託にお
> ける信託不動産は以下のとおりである。何市何町何番地
> の土地　何市何町何番地　家屋番号何番の建物」と記載
> されている場合、これら信託不動産の内容を不動産登記
> 法97条1項11号の「その他の信託の条項」として、信託
> 目録に記録することができるでしょうか。〔照会者E〕

　照会者Eは、「甲不動産と乙不動産が同一信託契約によるも
のであることを積極的に公示したい」とのことで、さらには、
「不動産登記制度に信託財産の管理を担ってほしい。これが認
められるのであれば、今後、この信託目録の共同不動産目録化
を推進していきたい」として、照会に至ったものです。

　現行不動産登記制度における信託登記の公示方法は、不動産
ごとに信託目録が備え付けられ、物的編成主義の下で、甲信託
不動産と乙信託不動産が同一信託契約によるものかは直接的に
は明らかにされない設計となっています。つまり、個々の不動
産を始点に、当該不動産にいかなる信託的な制約が付着してい
るかを公示するにとどまる制度であり、信託目録は、当該信託
登記がされた不動産に関する信託行為等が記録されたもので

す。共同担保目録とは異なり、信託目録そのものに信託財産の総体を、あるいは信託財産相互間の関連性を積極的に公示することが予定されているものではありません。

著者は、現行不動産登記制度の下で、「共同不動産目録」のような公示機能を創設することには、解釈論として無理があると考えています。照会者Eのいうように不動産登記法97条1項11号の「その他の信託の条項」として、信託財産の総体を信託目録に記録することができれば、確かに、信託目録の共同不動産目録化が実現することになります。

しかし、甲不動産の信託目録にされた乙不動産の記録を見た第三者は、甲不動産と乙不動産が同一の信託契約に基づくものであることが積極的に公示されているとの誤解をすることになります。また、乙不動産にも甲不動産と同一の登記がされているものと考えるでしょう。しかしながら、登記官は、甲不動産の信託目録を審査するに際して、同一の申請情報で申請されない限り、乙不動産について信託の登記がされているかどうかを審査する術はありません。つまり、現行不動産登記制度上、予定されていない登記がされ、その内容は、手続的に何ら真実性の担保がされていない登記となってしまうことからも、照会に係る登記の申請は認められないものと考えられます。

なお、照会者Eの見解のように、「その他の信託の条項」を幅広く解釈することによって、申請者が望む事項が全て登記することができるのであれば、信託契約書中の「売買代金の支払方法（口座名など）」「不動産調査概要書」「承継契約等一覧」「承継確認書」「損害保険の付保内容」「売買価格表」「物件概要

書」「賃貸借契約一覧」「信託財産一覧」等の全てを登記することが可能になります。これらの情報は、いずれも当事者間で保有し、必要に応じ、利害関係者に個別に開示すれば足りるのであって、広く第三者に公示しなければならないものとは思われません。「その他の信託の条項」は、当事者が信託契約書の任意の事項を自由かつ無制限に取捨選択し、申請することができるものではなく、不動産登記法の目的に合致した事項に限定されるべきと考えます。

⑵ 「その他の信託の条項」を利用した受益権持分の表示

> 問6　信託契約書中に、「建物の受益権割合　一体利用地所有者と共同事業形態で信託財産として建築する「○○ビル」の受益権の帰属及び割合は次のとおりとする。家屋番号101　事務所　○○・○○平方メートル　甲某1000分の173　乙某1000分の827　家屋番号102　店舗○○・○○平方メートル　甲某1000分の173　乙某1000分の827」と記載されている場合、これを不動産登記法97条1項11号の「その他の信託の条項」として、信託目録に記録することができるでしょうか。
>
> 　また、上記条項が登記されるとして、信託目録に、「当初受益者の受益権を相続により承継した者は、本信託における受益者及び委託者の権利義務及び地位の全てを承継する」旨の定めがある場合において、甲某が死亡し、丙某が当該受益権を相続したときは、「年月日相続」

　本問の照会者Ｆも問５の事例と同様に、現行不動産登記制度
の下で、「信託財産目録」を実現させようとするものです。「そ
の他の信託の条項」は、当事者が信託契約書の任意の事項を自
由かつ無制限に取捨選択し、申請することができるものとは考
えられないことから、本事例も消極に解されるのですが、ここ
では、「その他の信託の条項」として、受益権者の氏名及び持
分を記録することが問題となります。本書では、受益者の氏名
住所欄に受益権の内容や変動過程を記録し、公示することに消
極的な見解を採っており、「その他の信託の条項」に、当事者
が信託契約書の任意の事項を自由かつ無制限に取捨選択し、申
請することができるということになれば、受益者の氏名住所欄
において実現できなかった受益権の権利変動の公示が、その他
の信託の条項において実現することが可能となります。

　さらに、後段で照会者Ｆは、受益権者甲某に相続が開始した
場合に、「その他の信託の条項」の変更の手続によって受益権
者の変更をすることができると考えているようです。

　しかしながら、その他の信託の条項とは、契約等によって定
めた信託行為の内容（又はその趣旨）の抜粋であって、受益権
者甲某に相続が開始したからといって、相続を原因としてその
他の信託の条項の内容が直ちに変更される性質のものではあり
ません。仮に照会者Ｆの方法で実現を図ろうと思えば、受益権
者を含む受益権の内容が変更するたびに、信託契約書の、「建

物の受益権割合　一体利用地所有者と共同事業形態で信託財産として建築する「○○ビル」の受益権の帰属及び割合は次のとおりとする」の部分を変更する契約をしなければならないことになりますが、問題です。

　著者は、受益権が登記すべき権利ではないこと、受益権者の持分及び氏名住所が登記事項ではないことに加え、「その他の信託の条項」は、当事者が信託契約署の任意の事項を自由かつ無制限に取捨選択し、申請することができるものではないと思われることから、かかる登記を申請することは認められないと考えます。

《注》
2　拙稿「登記の現場からみた民事信託」家族信託実務ガイド17号
　　4頁。
3　拙著『信託に関する登記〔最新第2版〕』（テイハン、2016年）
　　225頁。

第 **6** 信託目録に記録すべき事項

　前記第 5 では、信託目録に記録すべきでない事項というアプローチをしましたが、ここで再び信託目録に記録すべき事項とは何かについて検討します。

　既述したとおり、信託目録の記録は、信託目録の記録に違反する後続の登記の申請をすることができなくなるリスクがあるという意味で重要です。これは、信託目録の記録そのものが登記事項であることから、これに矛盾する後続の登記がされることにより、公示が混乱し、登記の連続性が害されることを防止するものです。受託者が実体上、信託財産の処分権限を有していたとしても、信託目録中に記録された受託者の権限の範囲が管理行為にとどまる場合には、信託目録中の受託者の権限の範囲の記載を変更又は更正しなければ、信託財産の処分に関する登記を申請することができないこととなります。これらの情報は、信託目録の「信託財産の管理方法（不動産登記法97条 1 項 9 号）」と「その他の信託の条項（11号）」に関する事項として登記されることになり、後続の登記を想定し、あらかじめ的確な文言で登記をしておく必要があります。当初の信託目録への記録を欠くような場合には、後続の登記申請に先立ち、信託目録の記録を変更したり、信託目録の記録事項を錯誤遺漏により更正することによって是正が図られることになります。

1 「信託財産の管理方法（9号）」

　旧信託法では、受益者取消権の完全な対抗要件として登記を
することが求められており（同法31条）、「信託財産の管理方法」
は、受益者取消権の対抗要件として受託者の権限の範囲が記録
される必要があったことから、無秩序にこれが公示される傾向
にありました。しかし、信託法の改正（同法27条）によって、
信託法が求める登記事項の範囲が事実上縮減されたと解される
ことから、今日では、「信託財産の管理方法」として、広く受
託者の権限の範囲を公示する必要性は喪失したといえます。し
たがって、今日において、「信託財産の管理方法」として、第
三者委託、修繕・改良・保全、修繕積立金、金銭の追加信託な
どの内容を登記することの必要性については、疑問がありま
す。後続の登記の申請に先立ち必要とされる登記事項として挙
げられるものには、例えば、受益者の指図・承諾による処分、
受託者による信託費用等のための処分、処分による利益相反の
許容、受託者による担保権の設定、信託終了時の信託不動産の
帰属などが考えられます。いずれも、信託不動産の処分に関す
る登記の申請時の審査対象となるものです。

2 「その他の信託条項（11号）」

(1) 受託者の任務終了事由の特約

　「その他の信託の条項（11号）」として信託目録に記録すべき事項として挙げられるものに、例えば、受託者の任務終了事由の特約（信託法56条1項7号）があります。56条1項1号から6号までは法定終了事由であり、登記の必要はないと考えますが、7号の「信託行為において定めた事由」は、本号の規定によって受託者の任務が終了し、その登記を申請する際には、当該特約の存在が登記されている必要があります。不動産登記法上の手続効果と直結している事項の代表例といえます。

(2) 信託の変更

　信託の変更（信託法149条）も同様です。変更方法が149条1項ないし3項で法定されているので、これらを登記する必要はないと考えますが、4項に「信託行為に別段の定めがあるときは、その定めるところによる」とあることから、当該特約を登記しない限り、当該特約に基づく信託の変更の登記は認められないこととなります。

(3) 受益権の取得

　その他、受益権の取得に関して、信託行為で別段の定めをすることができる（信託法88条1項）ことから、受益権の譲渡に

伴い受益者の変更の登記を申請する際に、当該特約の存在が登記されている必要があると解されます。もっとも、著者は、信託目録には受益者の変更要件を定めた特約の要旨が、箇条書程度で記録されることが望ましいと考えており、信託目録に受益権譲渡に関する詳細な事項を記録する登記実務に疑問を感じています。登記官の立場からすれば、信託行為の定めにより受益者となるべき者を明らかとする事項が端的かつ明確に記録されれば十分なのであって、受益権譲渡に関する詳細な特約事項を原文のまま信託目録に記録し、登記事項とする必要はなく、これらの情報は、当事者が信託契約書及び受益権売買契約書として保有すれば足りると考えています。

⑷　委託者の地位の移転

　委託者の地位の移転（信託法146条1項）についても、同項は、「信託行為において定めた方法に従い」とされていることから、当該特約に基づき委託者の地位が移転したとして委託者の変更の登記を申請するのであれば、当該特約の存在が登記されている必要があると解されます。

⑸　信託財産責任負担債務の条項

　問7　信託契約書に信託財産責任負担債務負担条項がある場合には、①この定めを信託目録に記録すべきでしょうか、②当該信託契約書を登記原因を証する情報として、抵当権変更（免責的債務引受け）の登記を申請すること

ができるでしょうか、③抵当権変更の登記につき債務者
の表示に受託者である旨の記載をすることができるで
しょうか。〔照会者G〕

信託財産責任負担債務とは、受託者が信託財産に属する財産
をもって履行する責任を負う債務をいいます（信託法2条9項）。
信託財産責任負担債務では、一定の要件の下、債権者による信
託財産への差押えが認められています（同法23条2項）が、全
ての債務が信託財産責任負担債務となるわけではなく、対象と
なる権利は、同法21条1項各号に列挙されています。

照会者Gは、信託契約書に「信託財産責任負担債務　信託財
産に対する賃借権に係る敷金返還債務及び何々信用金庫からの
貸金債務（平成年月日金銭消費貸借及び平成年月日金銭消費貸借）
の負債は、信託財産責任負担債務として受託者において引き受
ける」旨の定めがあるが、これを信託目録の記録事項とすべき
か判断しかねるとのことです。

上記定めは、「信託前に生じた委託者に対する債権であって、
当該債権に係る債務を信託財産責任負担債務とする旨の信託行
為の定めがあるもの」（信託法21条3号）に該当するので、信託
財産責任負担債務と解されます。照会者Gは、上記定めを①信
託目録に記録すべきであるか照会していますが、信託財産責任負
担債務の対象となる貸金債務については、特に、信託不動産
の処分や制限に関係なければ、信託目録に登記をする必要はな
いとも考えられます。本問の場合には、「信託不動産に対する
賃借権」も対象となっていることから、信託不動産につき賃借

権の登記がされる可能性を否定し切れません。また、後日、信
託の登記より先順位で登記された抵当権などがあれば、その変
更の登記がされることも想定されていることから、当該変更の
登記が信託行為に基づくものであり、受託者に変更の登記を申
請する権限が帰属することを明らかにしておく必要などもある
ことから、信託目録の記録事項「その他の信託の条項」（不動
産登記法97条1項11号）として、これを登記することができる
ものと考えられます。

　次に、照会者Gは、②信託契約書を登記原因を証する情報と
して、抵当権変更（免責的債務引受け）の登記を申請すること
ができるかと問うています。おそらく、信託の登記がされる同
一不動産上に、信託目録の記録に定められた「信託財産責任負
担債務　信託財産に対する賃借権に係る敷金返還債務及び何々
信用金庫からの貸金債務（平成年月日金銭消費貸借及び平成年月
日金銭消費貸借）の負債は、信託財産責任負担債務として受託
者において引き受ける」中の「何々信用金庫からの貸金債務
（平成年月日金銭消費貸借及び平成年月日金銭消費貸借）の負債」
に相当する金銭消費貸借を被担保債権とする抵当権の設定の登
記が既にされていると思われます。

　そして、この抵当権の債務者を委託者から受託者に変更する
登記の申請をするに当たり、照会者Gは、本問の信託行為に係
る契約書そのものを登記原因を証する情報としたいようです。

　この点については、仮に債務引受契約の部分が、旧債務者
（委託者）と新債務者（受託者）の二者契約であると解すること
ができるとしても、債務引受契約に基づき抵当権の債務者を変

更する行為そのものは、物権行為、すなわち抵当権の変更行為となるので、抵当権変更契約の当事者は、抵当権設定者（受託者）と抵当権者（何々信用金庫）となることから、必要とされる登記原因を証する情報は、委託者及び受託者の作成に係るものではなく、抵当権の変更契約当事者である受託者と抵当権者の作成に係るものでなければ適格を欠くことになると思われます。

　したがって、信託契約書は、抵当権の変更の登記の登記原因を証する情報とはならないと考えられます。

　最後に、③抵当権変更の登記につき債務者の表示に受託者である旨の記載をすることができるかについてですが、仮に、債務引受契約が信託行為として行われたものであることを公示する必要性があると考えているのであれば、債権が信託財産であることの対抗は、不動産登記制度で公示されるべきものではありません。あるいは、抵当権設定の登記の登記事項として、被担保債権の債務引受けが信託行為とされたことを公示する必要性があると考えているのであれば、抵当権の登記において債務者が公示される趣旨は、被担保債権の特定の要素という意味において重要ですが、殊更、債務者の変更が、信託契約によってされたものであることを登記する必要性はないと思われます。

第 **7** その他の論点

1 受託者の処分権限が信託目録に記載のない場合の委託者・受益者の承諾の要否

照会事例では、信託の目録の変更を省略して、直ちに後続の登記申請をすることができるかを問われる傾向にあります。

> 問8 信託の変更契約をして、新たに「受託者が信託金融資産の一部を資金にし、新たな信託財産である不動産を取得すること、その際、購入資金等を金融機関から借り入れるとともに、新たな不動産等を含め、信託財産を担保に供することを認める」旨の条項を設けました。信託目録にこの条項を追加する信託の変更の登記がされていなくても、登記原因を証する情報にその旨を記録し、併せて委託者及び受益者の承諾に関する情報を提供すれば、信託財産に受託者を抵当権設定者とする抵当権の設定の登記の申請をすることができると考えますが、いかがでしょうか。〔照会者Ｈ〕

本問については、登記された信託目録の記録内容が当初契約のままとなっており、仮に信託目録に記録された既登記の内容から、受託者に信託財産に担保権を設定する権限が認められな

いことが明らかとなれば、実体上、受託者に信託財産に担保権を設定する権限が付与されていたとしても、登記手続上、信託目録の記録内容を変更しないまま、信託財産に担保権を設定する登記の申請をすることは、認められません。

　これは、信託目録の記録に反する登記が認められず、登記官は、後続の登記の申請の受否を決する場面において、信託目録の記録事項を審査の対象としなければならないと解されているからです。受託者である登記申請人が当該登記申請をする権限を有しているかは、信託の目的や受託者の権限の範囲などの信託目録の記録事項の内容によって審査されることになります。その意味において、受託者の権限行使や義務の履行についての特約は、第三者との関係においては重要で、これを登記しないと、登記官との関係において、当該信託行為は存在しないものとして扱われるおそれがあります。

　信託財産に担保権を設定する登記の申請と、信託目録の記録に不整合が認められる場合には、事前に信託目録の変更の登記がされなければなりません。照会者Hのいうように、担保権の設定の登記原因を証する情報の記録をもってこれに代えたり、委託者兼受益者の承諾を証する情報の提供をもって信託目録の変更に代えることは、登記の連続性などの観点からも許されないと考えられます。

　なお、このことは、当初の信託契約に本条項があったにもかかわらず、これを信託目録に登記することを遺漏した場合も同様であり、この場合には、担保権の設定登記の申請に先立ち、信託目録の記載事項の更正が必要となります。

2 信託の変更の登記の省略

> **問9** 信託目録に「信託の変更は、受託者と受益者の合意
> のみでできる」旨の定めがありますが、今、新受託者、
> 旧受託者、受益者の３者で、「受託者の辞任は、受託者
> の申出に対し、受益者がこれを承諾した場合のみでき
> る」を追加する変更契約を締結しました。信託目録の記
> 録の変更の登記を申請することなしに、上記変更契約に
> 関する合意書及び旧受託者作成の登記原因を証する情報
> を添付して、直ちに辞任による受託者の所有権の移転の
> 登記を申請することができると考えますが、いかがで
> しょうか。〔照会者Ｉ〕

　照会者Ｉによれば、旧受託者が辞任の意思表示をし、受益者
がこれを承諾したので、旧受託者の辞任の法的効力が生じたと
のことです。しかし、信託目録には、「信託の変更は、受託者
と受益者の合意のみでできる」とあり、このままでは受託者の
辞任の登記ができないのではと考え、受託者の辞任の登記の申
請に先立ち、信託目録に、「受託者の辞任は、受託者の申出に
対し、受益者がこれを承諾した場合のみできる」の規定を加え
る変更の登記をする必要があるかということのようです。そし
て、照会者Ｉによれば、「登記は、効力発生要件ではなく、信
託内容の変更は、添付情報により明らかであるため、信託目録

の記録の変更の登記をすることなく、直接、所有権の移転登記を行うことができる。これまでも、上記方法にて受理された事例が多数ある」との見解です。

　新受託者、旧受託者、受益者の3者で、「受託者の辞任は、受託者の申出に対し、受益者がこれを承諾した場合のみできる」を追加する変更契約が締結されるためには、新旧受託者が必要であり、前受託者は、変更契約を締結する前に辞任することはあり得ません。相談者は、信託の変更の登記を申請することなしに、直ちに辞任による受託者の所有権の移転の登記を申請したいとしていますが、それでは、実体関係との整合が取れなくなってしまいます。つまり、登記原因を証する情報上、①新受託者の追加、②3者による信託目録の記録の変更契約、③旧受託者の辞任の順に法律事実が発生しているにもかかわらず、③と①を1つにまとめ、旧受託者から新受託者への所有権の移転がされたかのような登記をすることは、登記原因を証する情報との不一致を生じさせることになってしまいます。

　このような登記の申請は認められず、まず、①受託者を1人から2人にする所有権一部移転登記、②信託の変更の登記、③旧受託者の辞任による合有登記名義人変更の登記の申請をする必要があると考えます。

　信託目録に「信託の変更は、受託者と受益者の合意のみでできる」旨の定めが登記されているのであれば、変更の登記がされない限り、登記官は、当該条項が変更されていないものとして取り扱わざるを得ないと考えます。また、照会者Ⅰが主張するような、登記が効力発生要件ではないということと、信託の

変更の登記の申請が義務であることとは何の関係もなく、登記原因を証する情報の提出をもって、登記（信託目録の記録事項）の代替となるものではないと考えられます。

3 信託の変更の登記と関係当事者の合意

問10 信託終了時における信託財産の処分方法に関する定めがないところ、今般、「信託終了時に受益者に交付する」という条項を設けたいが、この信託の変更は、委託者の不利益な変更に当たるのでしょうか。委託者を関与させずに、受託者と受益者の合意によって行いたいのですが、それは可能でしょうか。〔照会者J〕

　本問のように、信託目録に記載されている「○○」を「××」と変更したいが、委託者を関与させずに行うことが可能かという照会は非常に多いのですが、「関与」「行う」は日常用語であり、法律上の意味が曖昧です。照会に当たっては、紛れのないよう法律用語を用いる必要があります。また、このような照会がされた場合には、法律問題の整序が必要になります。

　照会の趣旨が、契約変更の当事者が誰になるかという問題であれば、信託法149条の規定が新設されたことにより、信託の変更は、①委託者、受託者及び受益者の三者合意による方法（原則）、②受託者及び受益者の合意（同条2項1号）、③受託者のみの意思表示（同項2号）、④委託者及び受益者の合意（同条

３項１号)、⑤受益者のみの意思表示(同項２号)、⑥信託行為による別段の定め(同条４項)の６つの態様ができました。信託当事者は、信託の内容がその要件を充足しているか否かを解釈した上で、信託の変更をすることとなります。この解釈は、信託契約の当事者によってされるべきものであり、登記官に求めるものではないと考えます。

照会者は、合意による変更当事者から委託者を意図的に除外したい、あるいは、委託者を関与させずに信託の変更をしたいが、この件で委託者からクレームが寄せられた場合に、信託法149条該当規定を盾として使う予定であり、そのことについて、登記官のお墨付きが欲しいというもので、照会者Jの見解は、以下のとおりでした。

「既に抹消されている信託目録の記録の中に、「信託終了時の信託元本は受益者に交付する」との定めがある。これは、信託契約締結時において、当初委託者は、本来委託者に認められている信託終了時に元本交付を受ける権利を放棄していることにほかならない。つまり、委託者は、当初から既得権を放棄しているので、もはや、「信託終了時に受益者に交付する」という条項を設けたとしても、委託者に不利益はない。既に抹消されている信託目録の記録の規定は、委託者が関与していたものであるが、現在の信託目録の記録は、受託者と受益者によって変更されたものであり、委託者は関与していない。よって、委託者の不利益の有無は、委託者の当初意思を合理的に推測・判断することが妥当であり、現在の信託目録の記録から形式的に判断してはならない」とのことです。

　例えば、登記官は、信託目録の記載に変更がされている場合や、信託目録の記載が変更の前後で信託法149条各号の趣旨に反していることが一見して明白であるなど、明らかな形式的な違反を指摘することはできるかもしれません。それを根拠に形式的に矛盾する登記申請を却下することもあります。

　しかしながら、信託当事者が作成した信託契約の内容につき、「信託目的に反するものであるか」「信託当事者の利益を害さないことが明白であるか」の実質的な要件の充足の判断を求められたところで、当事者に審尋することも許されない登記官には、荷が重いとしかいいようがありません。登記官は、資格者代理人の「駆け込み寺」ではありません。信託契約の内容の解釈に苦慮する場合には、委託者、受託者及び受益者の三者合意による原則に立ち返る堅実さが求められるのではないでしょうか。

　なお、④及び⑤の場合には、受託者への意思表示の到達によって変更の効力が形成的に生じることとなるので、登記原因を証する情報には、その旨が記録されている必要があります。

第 5 章

信託の終了

第 1   信託の終了事由と登記との関係

> 問 1   信託の終了事由は、必ずしも登記する必要はなく、
> 信託の終了事由が生じ、信託の登記を抹消するときに、
> 具体的な信託終了事由が記録された登記原因を証する情
> 報を添付すれば足りると考えますが、いかがでしょう
> か。〔照会者Ａ〕

　照会者Ａは、信託の終了事由を登記する必要はなく、信託の
終了事由が生じたときに、信託の終了事由が生じたことを明ら
かにした登記原因を証する情報を提供して、信託の登記を抹消
すれば足りると考えているようです。信託の終了の事由は、信
託目録の登記事項とされているところ（不動産登記法97条１項
10号）、信託目録には、信託契約書に記載された終了事由の全
てを登記しなければならないのかという問題があります。

　まず、信託法163条の信託の終了事由のうち、１号ないし８
号に規定されるいわゆる法定終了事由については、信託法の規
定から、一定の事実又は法律行為により当然に信託が終了する
ものなので、第三者との関係においてこれをあらかじめ登記を
することの必要性は乏しいと思われます。これらの事項を登記
するか否かは、従来、任意であると考えられており、著者も長
くそのように考えていましたが、近時、信託目録不要論などの
影響もあり、最近では登記事項としての信託目録の記録事項は

厳選されるべきで、不要情報や過剰情報は排除されるべきと考えるようになり、登記の必要性が客観的に認められないものは登記すべきではないと考えています。

一方、9号に規定される「信託行為において定めた終了事由」については、信託契約当事者が定めた特約事項であり、これは、登記官を含む第三者との関係においては、登記がされない限り、一般にその存在を知り得ないものであり、後続の登記との関係において登記をする必要性が認められます。本来、不動産登記法97条1項10号が登記事項として想定している信託の終了事由とは、この信託行為において定めた終了事由を指すものと考えます。

もっとも、申請人が故意にこの終了事由を登記することを望まなかった場合に、登記官が登記原因を証する情報との不一致を理由に当該登記の申請を却下すべきかについては、必ずしもその必要はなく、申請するか否かの判断は、申請人の任意に委ねてかまわないと考えます。

次に、当該終了事由を登記することを看過した場合又は故意に登記を留保した場合において、その後に当該終了事由に係る具体的な終了事由が生じたときに、信託目録の登記の更正を省略して、直ちに信託の終了の登記を申請することができるでしょうか。照会者Ａは、所有権の移転の登記及び信託の登記の抹消の申請情報に登記原因を証する情報として現行の信託契約の内容を証する情報を添付することにより、登記の更正を省略することができると考えているようです。

この点については、信託行為に定めた終了事由が具体的に生

じたときに、登記の有無にかかわらず、信託法上の実体的な信託終了の効果が生じるものであり、登記そのものは、信託終了の実体的な効力要件ではありません。しかしながら、一旦信託の登記がされた後は、登記された信託目録の記録に反する内容の登記をすることができなくなるなど、信託の登記がされることにより、登記制度上、信託の実体的な法律関係と登記された内容との一致が求められることとなります。

　仮に照会者Ａが信託の終了事由を登記することの必要性を感じていないとしても、不動産登記法上の登記事項として「信託の終了の事由」が定められていることからすれば、既にされた登記の内容が正しいものであること（登記の形式的確定力）を前提に、後続登記の審査がされるのであって、このことを使命とする登記官の立場からは、登記されていない信託の終了事由に基づいて信託が終了する登記を認めることはできません。この場合には、信託の抹消の登記に先立ち、まず、信託目録中の「信託の終了の事由」の遺漏を更正する登記を申請する必要があると考えます。

> 問2　信託契約書に記載された信託の終了事由が多岐にわたる場合には、「本信託契約は、本信託契約の定めに該当する場合に限り、本信託契約に定める期間満了前に終了するものとする」などと概括的な文言をもって登記をすることとして差し支えないと考えますが、いかがでしょうか。
>
> 　また、信託目録中に、「本信託の規定は、受託者及び

> 受益者の同意による場合に限り、変更、修正又は補足す
> ることができる」旨の定めがある場合には、後日、信託
> 目録の更正に提供される登記原因を証する情報は、受託
> 者及び受益者の作成に係るもので足りると考えますが、
> いかがでしょうか。〔照会者B〕

　実務では、本問のように、概括的な文言をもって登記がさ
れ、具体的な終了事由が不明なものが散見されます。しかし、
これでは、信託の終了事由が登記記録上から明らかとはいえ
ず、この文言で登記がされたとしても、その後に当該終了事由
に係る具体的な終了事由が生じたときには、結局、信託目録に
具体的な当該終了事由を追加する登記の更正をした後に信託登
記の抹消を申請しなければなりません。照会者Bの意見にある
ように、登記の更正を省略し、契約に係る情報を提供するなど
して、直ちに信託登記の抹消を申請することは、認められない
ものと考えます。

　なお、信託目録の登記事項の更正に必要とされる更正を証す
る情報は、具体的な事案に即して、登記官が個別に判断すべき
ものと考えられます。本問のように、信託目録中に、「本信託
の規定は、受託者及び受益者の同意による場合に限り、変更、
修正又は補足することができる」旨の定めがある場合には、そ
の定めに従い、受託者及び受益者の作成に係る情報の提供を求
めるのが、登記実務の取扱いのようです。

> **問3**　信託目録に、「受託者が受益者へ信託財産を交付す
> る時期は、信託終了日の翌日とする」旨の記載がある場
> 合において、現実にはこれと異なる日に信託財産の引継
> ぎがされたときは、信託目録の記録を変更せずに、実際
> の信託財産の引継日をもって信託登記の抹消の原因日と
> することができると考えますが、いかがでしょうか。
> 〔照会者Ｃ〕

　照会者Ｃによれば、信託契約中に、「受託者が受益者へ信託
財産を交付する時期は、信託終了日の翌日とする」旨の記載が
あり、当該事項が「その他の信託の条項」として登記されてい
るとのことです。信託行為をもって信託財産の帰属に関する約
定がされた場合に、信託財産の帰属方法及び手続は信託の終了
時の登記手続に直結することから、「その他の信託の条項」（不
動産登記法97条11号）に該当するものと解して差し支えないと
考えます。

　ところで、本条項の記録内容によれば、信託契約上、受託者
は、信託終了日の翌日に受益者に信託財産を交付する義務を有
していると解されます。ここでいう「信託終了日」とは、信託
法163条各号又は164条１項等の信託の終了事由が生じた日とい
う意味に解されることから、本条項は、「信託の終了事由が生

じた日又は合意により信託を終了させた日の翌日に、受益者に信託財産を交付しなければならない」という趣旨であり、受託者は、信託の終了事由が生じた日又は合意により信託を終了させた日の翌日に信託財産である不動産を受益者に移転させるという物権変動の手続を了しなければならず、この手続が遅延した場合には、信託契約違反ということになり、当事者合意に基づく契約とはいえ、いささか受託者に酷な規定のように見受けられます。

　信託契約上、信託財産引継日が「信託終了日の翌日」と明定されており、このことが信託目録に登記されている場合において、現実にはこれと異なる日に信託財産の引継ぎがされたときに、現実の信託財産の引継日を登記原因日として信託の登記を抹消して差し支えないかという点については、照会者Cは、この場合の信託の登記の抹消の原因日とは、飽くまで現実の信託財産の引継日（物権変動の日）を指すのであり、信託目録の記録に定める「信託終了日の翌日」に信託財産の引継ぎがされなかったことは、受託者と受益者間の信託契約上の違反の問題はあるにしろ、客観的に物権変動の効果が生じているのであるから、信託の登記の抹消を申請することについては、問題はないと考えているようです。

　しかしながら、物権変動が既に生じていることを理由にするのであれば、信託目録に記録された信託行為のほぼ全てが債権的な制約であり、これでは、後続の登記と信託目録との整合性を求める登記実務が全否定されることとなり、妥当とは思われません。著者は、当事者が信託行為にこの規定を盛り込んだ趣

旨及びこれが登記されることを望んだことを尊重すべきと考え
ます。信託の本旨が信託行為をして受託者に制約を課すもので
あることを考慮すると、本問は、信託目録の記録に定める「信
託終了日の翌日」に信託財産の引継ぎがされなかったことによ
り、受託者の信託目録の記録違反が明らかであることから、信
託目録の記録に反する登記の申請は、することができない（昭
43・4・12民事甲第664号民事局長回答参照）と考えます。

　これが当事者の意思に反するものであり、このような事態を
回避したいと考えるのであれば、事前に、契約を変更し信託目
録の信託財産引継日の定めを削除するなどの変更の登記の申請
をすべきであると思われます。

第 3 旧信託法の信託の終了事由

> 問4 旧信託法の適用を受ける信託において、受託者と受
> 益者は信託契約の定めにより本信託を解除することを合
> 意した場合には、信託目録の記録を変更することなく、
> 登記原因を証する情報にその旨を記録すれば、信託の登
> 記を抹消することができると考えますが、いかがでしょ
> うか。〔照会者D〕

　照会者Dは、信託行為をもって「信託契約の定めにより本信
託を解除することを合意した」旨の信託の終了事由の特約を設
けている場合には、その旨が信託目録に登記されていない場合
であっても、信託目録の変更又は更正の登記を申請することな
く、登記原因を証する情報にその旨を記録することによって直
ちに信託の登記を抹消することができるとの意見です。旧信託
法における解除には、解除権者による解除（旧信託法57条、58
条）のほかに信託行為に別段の定めのある場合の解除（同法59
条）がありました。前者の法定解除については、信託目録に法
定解除事項を登記しなくても、解除による信託の登記の抹消の
申請が認められるものと考えられます。後者については、信託
の終了事由の特約条項としてあらかじめ登記をすべきであり、
特約に基づく解除によって信託が終了した場合には、当該特約
があらかじめ登記されていない限り、当該特約に基づく信託の

登記の抹消を申請することはできないものと考えられます。

　なお、信託法の適用を受ける信託の場合には、委託者及び受益者はいつでもその合意により信託を終了することができる（同法164条）ので、旧信託法の場合と異なり、信託契約に当該特約を設けるまでもなく、合意によりいつでも信託を終了させることができることから、信託目録への記録の要否は、問題にはなりません。

　また、類似する事案ですが、旧信託法の適用を受ける信託目録の信託の終了事由に「本信託は、本契約の解約により終了する」旨の特約が登記されている場合、登記原因を証する情報に受託者と受益者は当該信託契約の定めにより本信託を解約した旨を記録して、旧信託法の適用を受ける信託の登記を抹消することができるかという照会もあります。これについては、旧信託法における信託契約の当事者は、委託者及び受託者であり、本信託を解約することができるのは、飽くまで委託者及び受託者に限られ、受益者は、当然には解約の当事者にはならないものと考えられます。受益者を解約の当事者とするのであれば、別段の定めの中に具体的にその旨を明記し、信託の終了事由として登記をする必要があると考えます。

第4 信託法163条2号の信託の終了事由

> **問5** 「信託法163条 2 号の規定にかかわらず、本信託契約
> は、受託者が受益権の全部を固有財産で有する状態が 1
> 年以上経過しても、終了しないものとする」旨の信託契
> 約の条項は、登記することができますか。〔照会者 E 〕

　受託者は、受益者として信託の利益を享受する場合を除き、
何人の名義をもってするかを問わず、信託の利益を享受するこ
とができない（信託法 8 条）とされており、受託者が受益者と
して信託の利益を享受することは、認められています。例え
ば、受益者の死亡によって受託者が受益者を相続し、受託者が
唯一の受益者となる場合など、一時的に受託者と受益者が一致
することは想定されるのであり、両者の地位が一時的に同一人
に帰属することがあっても、その状態が受益権の譲渡や受託者
の交代などにより、合理的な期間に解消されるのであれば、直
ちに信託を終了させる必要はありません。また、資産流動化の
手法として、ある時点で受託者が受益権の全部を一時的に保有
し、当該受益権をしかるべく譲渡するスキームを設計すること
も許容されます。これらを受け、信託法163条 2 号では、信託
は、「受託者が受益権の全部を固有財産で有する状態が 1 年間
継続したとき」に終了すると規定し、受託者が受益者を兼ねる
状態が生じても、それを解消するのに必要な合理的な期間とし

て１年を限度として、信託が終了しないことが定められています。

　この１年という期間は、明確性の観点から定められた限度であり、強行規定と解されています。当事者が信託契約によってこれを短縮することは可能ですが、１年の期間より長い期間を定めることは許されず、本問のように、１年以上経過しても終了しないとする定めは、効力を生じないものと解されます。したがって、かかる条項を登記することはできないと考えます。

問６　登記記録上、受託者と受益者が同一人である状態が１年以上経過している場合には、形式的に信託法163条２号の規定に該当するものとして、当該信託は当然に終了しているものと判断されるのでしょうか。〔照会者Ｆ、Ｇ〕

　照会者Ｆは、登記記録上、受託者と受益者が同一人である状態が１年以上経過している場合には、その状態が信託法163条２号の規定に該当しているので、登記官によって当該信託は形式的に終了したと判断されるではないかとの照会をしています。実体上、信託が終了しているかではなく、登記記録上、形式的に当該信託が終了しているものとして扱われるのかということです。

　ある不動産について、受託者が受益権を固有財産で有する状態が１年以上経過していたとしても、信託法163条２号は、信託は、「受託者が受益権の全部を固有財産で有する状態が１年

間継続したとき」は終了すると規定していることから、それだけの理由で、終了していると判断することはできません。受託者が信託の受益権の全部を固有財産で有する状態が1年以上経過しているか否かは、登記記録から形式的に判明するものではないからです。

　登記制度は、不動産ごとに信託目録が備え付けられており、Ａ信託不動産とＢ信託不動産が同一信託契約によるものか否かは明らかでなく、信託財産の総体又は信託財産相互間の関連性を積極的に公示することが予定されているものではありません。よって、登記官としては、受託者がＡ信託不動産につき受益権を固有財産で有する状態が1年以上経過していることが明らかとなったことだけをもって信託法163条2号の規定により当該信託が終了していると判断することはできません。

　ところで、受託者が当該信託は終了していないとして、当該信託が存続中であることを前提とする登記の申請がされたとき、例えば、当該信託の受託者を設定者とする抵当権の設定の登記の申請に、信託当事者である委託者、受託者及び受益者全員から、受益権の全部を固有財産として有していない旨の確認書（作成者の印鑑証明書付き）の提供を求めるべきとの実務の取扱いがあるようですが、そのような情報及び印鑑証明書の添付を求める法的根拠は、存在しません。上述のとおり、ある信託不動産の登記記録上、受託者が受益権を固有財産で有する状態が1年以上経過していることの外観のみをもって、登記官が形式的に当該信託が終了しているとの判断をすることはできませんし、そのための情報の提供を登記申請人に求めることも認

め1られないと考えます。

　ところで、Ａ信託不動産につき受託者が受益権を固有財産で有する状態が解消されているにもかかわらず、受益者の変更の登記がされないままに１年以上経過している場合には、登記懈怠の問題であり、本問の論点ではありません。

　照会者Ｇは、登記記録上、受託者と受益者が同一人である状態が１年以上経過している場合には、形式的に信託法163条２号の規定に該当するので、実体上の信託が終了すると考えたようです。照会者Ｇによれば、信託銀行を受託者とする不動産信託では、受益権が証券化されて販売されているところ、当該信託銀行は、投資家から特定金銭信託として受託した金銭で、本件の受益権を購入したとのことです。照会者Ｇは、これにより受益者と受託者は同一人となることから、信託法163条２号の規定により、この状態が１年間継続すると信託が終了するのではないかとの疑義が生じたようですが、照会者Ｇが自らいうように、信託銀行は、投資家から特定金銭信託として受託した金銭で、本件の受益権を購入したのですから、当該受益権は、信託財産にほかならず、これを受託者の固有財産と解する余地はありません。登記に公信力が付与されていない我が国の登記制度において、一般に登記記録をもって、実体と異なる法律関係が創設されたり、消滅したりすることは考えられません。

第5 残余財産の帰属が受益者の相続人全員の協議によって定められる場合の登記手続

> **問7** 受益者の死亡によって信託が終了し、信託終了時の残余財産の帰属権利者については、信託目録の記録に「本信託が受益者の死亡により終了した場合、残余の信託財産の帰属者及び帰属割合は、受益者の法定相続人全員の協議により定める」とされている場合において、相続人全員で信託財産の帰属者等を定めたときは、登記申請に際し、どのような登記原因を証する情報を提供すれば良いでしょうか。〔照会者H〕

　信託の終了により信託財産の帰属が定まると、信託財産は、帰属権利者に移転し、信託財産でなくなるので、所有権の移転の登記及び信託の登記を抹消しなければなりません。照会者Hは、これらの登記を申請するに当たって、登記原因を証する情報として、どのようなものを添付すべきかを照会していますが、登記官がこのような照会に回答することは難しいと思います。なぜなら、登記官は、申請人が添付した情報の適格性を具体的に審査する立場であることを考えれば、登記官が登記原因を証する情報に該当する情報を例示したところで、申請人側が提供することができる情報の全ては申請人の手中にあるからです。この場合には、実体関係を知り得る申請人が具体的に登記原因を証する情報として何を提供することができるのかを明確

にした上で、照会をすべきと考えます。

　通常の「相続」を原因とする所有権の移転の登記であれば、登記原因を証する情報として、相続人全員が作成した遺産分割協議書（印鑑証明書付き）を提供することになりますが、本問の場合には、「信託財産引継ぎ」を原因とする共同申請の形態を採るので、不動産登記法62条の規定は適用されず、同条を類推した厳格な情報を添付する必要はなく、例えば、報告的な登記原因を証する情報の提供も考えられるところです。

　本問における相続人全員が作成した協議書は、相続財産の処分方法を定めるものではないので、厳密には遺産分割協議ではなく、その結果を記載した書面は、遺産分割協議書と呼ぶべきものではないかもしれません。登記実務では、当該遺産分割協議書と題する情報の提供を認めず、別途、報告式の登記原因を証する情報の作成を求めるなどの事例が散見されるようですが、本問の登記申請の添付情報として、遺産分割協議書と題する情報が登記原因を証する情報として提供されたとしても、それは文書タイトルの形式だけの問題であり、相続人全員による協議がされた事実が記録されているという実質部分に着目すれば、文書名だけをもって、殊更登記原因を証する情報の適格性を否定する必要もないと思われます。

　照会者Ｈは、「信託の抹消については、登記原因を証する情報は始めから存在せず、添付できないので、委任状にその旨を記載すれば、足りる」との意見を付していますが、それは、登記原因を証する情報制度に対する無理解と思われます。信託の終了事由は、信託法によって定められているところ、これが作

成できないのであれば、同時に申請する所有権の移転の登記の登記原因を証する情報も作成することができないことになります。一般的には、所有権の移転の登記と信託の登記抹消の登記原因を証する情報は、一体として作成されることが多いと思われますが、「始めから存在しない」ということになりません。

　本問は、信託財産である金銭をもって不動産を買い受けた、いわゆる信託財産の処分による信託の登記がされている事案であり、所有権の移転の登記及び信託の登記の抹消には、受託者が所有権を取得したときの登記識別情報の提供が必要となります。

■ 著者略歴 ■

横山　亘（よこやま　わたる）

昭和58年　東京法務局
平成5年～平成23年　法務省民事局と東京法務局に勤務
平成24年　広島法務局民事行政部不動産登記部門統括登記官
平成26年　千葉地方法務局松戸支局統括登記官
平成27年　新潟地方法務局供託課長
平成29年　東京法務局民事行政部民事行政調査官
令和元年　横浜地方法務局法人登記部門首席登記官
令和2年　新潟地方法務局不動産登記部門首席登記官
令和3年　東京法務局民事行政部不動産登記部門首席登記官
令和5年　東京法務局民事行政部次長

KINZAI バリュー叢書 L

信託登記の照会事例1

2023年9月7日　第1刷発行

著　者　横　山　　　亘
発行者　加　藤　一　浩

〒160-8519　東京都新宿区南元町19
発　行　所　一般社団法人 金融財政事情研究会
編 集 部　TEL 03(3355)1721　FAX 03(3355)3763
販売受付　TEL 03(3358)2891　FAX 03(3358)0037
URL https://www.kinzai.jp/

DTP・校正：株式会社友人社／印刷：文唱堂印刷株式会社

ISBN978-4-322-14363-8

創刊の辞

2011年3月、「KINZAI バリュー叢書」は創刊された。ワンテーマ・ワンブックスにこだわり、実務書より読みやすいが新書ほど軽くないをコンセプトに、現代をわかりやすく切り取り、かゆいところに手が届く、丁度いい「知識サイズ」に仕立てた。

ニュース解説に留まらず物事を「深掘り」した結果、バリュー叢書は好評を博し、間もなく第一作の「矜持あるひとびと」から数えて刊行100冊を迎える。読者諸氏のご愛顧の賜物である。

バリュー叢書に通底する理念は不易流行である。「金融」「経営」などのあらゆるジャンルに果敢に挑戦しながら、「不易」―変わらないもの―と「流行」―変わるもの―とをバランスよく世に問うことである。本叢書シリーズは決して色褪せない。それはすなわち、斯界の第一線実務家や研究者が現代を切り取り、コンパクトにまとめ、時代時代の先進的なテーマを鮮やかに一冊に落とし込んでいるからだ。次代に語り継ぐべき大切な「教養」や「斬新な視点」、「魅力溢れる人間力」が手本なき未来をさまようビジネスパーソンの羅針盤になっているものと確信している。

2022年12月、新たに「Legal」を加え、12年振りに「バリュー叢書L」を創刊する。不易流行は変わらずに、いま気になることがすぐにわかる内容となっている。第一線実務家や研究者はもとより、立案担当者や制度設計に携わったプロ達も執筆陣に迎えている。

新シリーズもまた、混迷の時代、先が見通せないと悩みながら「いま」を生き抜くビジネスパーソンの羅針盤であり続けたい。

加藤　一浩